ROBERT MICHEL

LE PROCÈS DE MATTEO ET DE GALEAZZO VISCONTI

L'ACCUSATION DE SORCELLERIE ET D'HÉRÉSIE

DANTE ET L'AFFAIRE DE L'ENVOÛTEMENT (1320)

Extrait des *Mélanges d'Archéologie et d'Histoire*
publiés par l'École française de Rome, T. XXIX.

ROME
IMPRIMERIE CUGGIANI
37, Via della Pace - 35
1909

ROBERT MICHEL

LE PROCÈS DE MATTEO ET DE GALEAZZO VISCONTI

L'ACCUSATION DE SORCELLERIE ET D'HÉRÉSIE

DANTE ET L'AFFAIRE DE L'ENVOÛTEMENT (1320)

Extrait des *Mélanges d'Archéologie et d'Histoire*
publiés par l'École française de Rome, T. XXIX.

ROME
IMPRIMERIE CUGGIANI
35 - Via della Pace - 35
1909

LE PROCÈS
DE MATTEO ET DE GALEAZZO VISCONTI

L'ACCUSATION DE SORCELLERIE ET D'HÉRÉSIE
DANTE ET L'AFFAIRE DE L'ENVOÛTEMENT (1320)

« Les premières années du XIVe siècle ne sont qu'un long procès, a dit Michelet,... les accusations viennent en foule, la sorcellerie était mêlée à toutes »[1].

La chose n'est pas vraie seulement de la France où les affaires de Guichard de Troyes[2], de Bernard Délicieux[3], de Louis de Nevers, de Pierre de Latilli, évêque de Châlons, d'Enguerran de Marigni[4], de Mahaut d'Artois[5], d'Hugues Géraud, évêque de Cahors[6], de Louis de Poitiers, évêque de Langres[7], de Robert, archevêque d'Aix[8], se suivent et s'enchevêtrent, elle est vraie aussi de l'Italie septentrionale où des causes moins célèbres en notre

---

[1] *Histoire de France*, liv. V, ch. 5.

[2] A. Rigault, *Le procès de Guichard, évêque de Troyes (1308-1313)*, (*Mém. et docum. publ. par la Société de l'École des Chartes, I*), 1896 ; cf. Ch. V. Langlois, dans *Histoire de France* de E. Lavisse, III, 2, p. 207 et ss. : G. Mollat, *Guichard de Troyes et les révélations de la sorcière de Bourdenay*, dans le *Moyen Age*, 1908, p. 309-314, et Eubel, *Historisches Jahrbuch*, 1897, XVIII, p. 629.

[3] B. Hauréau, *Bernard Délicieux et l'Inquisition albigeoise*, 1877.

[4] Cf. Ch. V. Langlois, *op. cit.*, p. 216-8.

[5] Godefroy-Méniglaise, dans *Mém. Soc. des Antiquaires de France*, XXVIII, p. 181.

[6] E. Albe, *Autour de Jean XXII, Hugues Géraud, évêque de Cahors. L'affaire des poisons et des envoûtements en 1317*, 1904.

[7] P. Alphandéry, *Le procès de Louis de Poitiers, évêque de Langres (1320-2)*, dans *Moyen-Age*, 1900, p. 569-607.

[8] Mouan, *Documents inédits sur un procès de magie en Provence (1318)*, dans *Mémoires lus à la Sorbonne*, Histoire, 1869, p. 169 et ss.

1

pays eurent cependant, à la même époque, de bien plus vastes conséquences : tels les interminables procès intentés par Jean XXII à ses adversaires gibelins [1], à Louis de Bavière et aux Visconti par exemple.

Au premier de ces procès [2] on a déjà consacré de nombreuses études. Malgré quelques travaux d'approche [3] il reste à écrire l'histoire du second.

Les matériaux sont loin pourtant de faire défaut ; on les trouverait d'une part dans les modernes histoires milanaises [4] et les anciens chroniqueurs de l'Italie septentrionale [5], d'autre part dans

---

[1] Cf. Fumi, *Eretici e ribelli nell'Umbria dal 1320 al 1330*, dans *Bollettino della Regia Depulazione di storia patria per l'Umbria*, III, 1897, p. 297, 429, IV, 1898, p. 221. 437, V, 1899, p. 1, 205. — Voir Arch. du Vatican, *Collectorie* 133, f° 106 et ss.

[2] F. Weber, *König Ludwig der Baier in der Lombardei*, Heidelberg, 1867 ; K. Müller, *Der Kampf Ludwigs des Baiern mit der römischen Curie*, *Tübingen*, 1879-80 ; cf. Ehrle, *Ludwig der Bayer und die Fraticellen und Ghibellinen von Todi und Amelia im J. 1328* dans *Archiv. für Litteratur und Kirchengeschichte*, I, p. 158 et ss., II, p. 653 et ss.

[3] Capasso (C.), *La signoria riscontea e la lotta politico-religiosa con il papato nella prima metà del secolo XIV; contributo alle relazioni tra la Chiesa e i Visconti*, dans *Bollettino della Società Parese di storia patria*, 1908, VIII. p. 265-317 et p. 408-454. M. Capasso déplore l'ignorance où l'on est de l'histoire de la lutte des Visconti et de Jean XXII durant la première partie du XIVe siècle, mais, n'ayant pu venir à Rome travailler aux Archives et à la Bibliothèque vaticanes il lui a été impossible de combler entièrement cette lacune. — On consultera avec grand profit les articles très importants et très documentés de M. L. Fumi, déjà cités, dans le *Bollettino della Regia Depulazione di storia patria per l'Umbria*, et l'article de Giac. Romano, *I Paresi nella lotta tra Giovanni XXII e Matteo e Galeazzo Visconti*, Pavia, 1899. Cf. aussi Majocchi, *L'assoluzione di Pavia dall'interdetto di papa Giovanni XXII*, dans *Archivio storico Lombardo*, 3e série, VIII, 1897.

[4] Cf. Cipolla, *Storia delle Signorie italiane dal 1313 al 1530*, vol. IV, part. 1 ; Coria, *Storia di Milano*, II, 2e éd., 1856 ; Rosmini, *Dell'istoria di Milano*, 1820.

[5] Citons entre autres la *Chronicon Astense* (*Rer. ital. SS.*, XI, p. 140 et ss.), les *Annales Mediolanenses* (*Ibid.*, XVI, p. 642), les *Annales Genuenses*, (*Ibid.*, XVII, p. 952), les *Istorie Pistolesi*, les *Istorie Fiorentine*

les textes publiés par Raynaldi [1], Bzovius [2], Ughelli [3], Riezler [4], Ratti [5] et Eubel [6]. Mais c'est surtout aux Archives [7] et à la Bibliothèque du Vatican qu'on en devrait chercher les éléments les plus neufs et les plus complets [8].

Le ms. Vat. lat. 3936, sur papier [9], contient en effet les dépositions entièrement inédites recueillies vers 1321-2 contre les Visconti. Dans le ms. Vat. lat. 3937, sur parchemin [10], se trouvent les procès eux mêmes intentés par l'archevêque de Milan et les inquisiteurs à Matteo Visconti et à ses fils Galeazzo, Luchino, Marco, Giovanni, Stefano, ainsi qu'à Scoto de San Geminiano [11].

de Villani (*Ibid.*, XI), la *Chronicon Modoetiense*, (*Ibid.*, XII, col. 1061), la *Chronicon Placentinum* (*Ibid.* XVI), la *Chronicon Parmense* (*Rer. Ital. SS.*, nouv. éd. in 4°, t. IX, part. IX); Morigia, *Istoria dell'antichità di Milano*, Venetia, 1592, p. 102 et ss.

[1] *Annales ecclesiastici,* V.

[2] *Annalium ecclesiasticorum*, XIV, 1625, in f°, col. 318 et 319, 327, 337 et ss., 354 et ss., 373 à 392, 411 et ss., 463-4.

[3] *Italia Sacra*, IV, col. 202 et ss.

[4] *Vatikanische Akten zur deutschen Geschichte in der Zeit Kaiser Ludwigs des Bayern*, Innsbrück, 1891.

[5] *Intorno all'anno della scomunica di Matteo Visconti (Rendiconti del Reale Istituto Lombardo di scienze e lettere*, série II, vol. XXXVI, 1903, p. 1050 et ss.).

[6] Eubel, *Historisches Jahrbuch*, 1897, XVIII, p. 608 à 631.

[7] Cf. particulièrement *Reg. Vat.* 71, f° 26 v° à 30, et les *Instrum. miscellanea*, sous les années 1318 et ss., dont il existe un inventaire sur fiches.

[8] Les archives de Milan ne fournissent rien, pour ainsi dire, sur les premiers Visconti.

[9] Il se compose de deux cahiers, l'un, complet, de 16 feuillets, l'autre, incomplet, de 13. En tête du premier cahier on lit: *Contra Galeazzum*. Ce cahier comprend les dépositions des témoins contre Galeazzo Visconti jusqu'au f° 12 v°; puis celles contre Marco *(Contra Marcum)*; à partir du f° 14 r° celles contre Luchino *(Contra Luchinum)*; à partir du f° 15 v° celles contre Giovanni *(Contra Johannem)*. Le deuxième cahier comprend les dépositions contre Matteo. Cf. Pièce justificative I.

[10] Sur la couverture en peau rouge on lit cette mention du XIV° siècle: « Liber inquisitorum ». Le registre est postérieur à 1324; des actes du mois de novembre de cette année y sont insérés.

[11] « In isto volumine continentur duo libri. Primus liber continet omnes processus factos per dominum archiepiscopum Mediolanensem et

A dire vrai une telle étude serait, à peu de choses près, l'histoire même de la longue lutte livrée par le pape aux Visconti et à leurs partisans. Elle intéresserait l'histoire de presque toute l'Italie septentrionale qui prit parti dans la bataille ; elle nous ferait voir villes et seigneurs de Lombardie partagés en ce grand différend [1].

Nous ne nous proposons pas ici — pour le moment du moins — d'exposer dans son ampleur un épisode aussi important, aussi fertile en conséquences, de la longue lutte des guelfes et des gibelins. Il nous suffira d'examiner au moyen des dépositions recueillies contre les Visconti les accusations dont ils furent l'objet, de verser ainsi au dossier de leur procès plusieurs pièces inédites curieuses à plus d'un titre, d'en critiquer d'autre, peu connues, de les encadrer au milieu des événements historiques et politiques qui les font mieux comprendre et qu'elles expliquent, de les éclairer enfin par ce que l'on sait des mœurs laïques et cléricales de cette époque.

inquisitores heretice pravitatis contra dampnate memorie Matheum de Vicecomitibus de Mediolano, Galeatium, Luchinum, Marchum et Johanem et Stephanum ejus filios, necnon Scotum de Sancto Geminiano, omnes de pravitate heretica legiptime condempnatos. Secundus liber continet processus factos per eosdem dominum archiepiscopum et inquisitores contra fautores predictorum hereticorum». Les tables qui se trouvent au début et à la fin du registre ont été publiées par L. Frati, *La contesa fra Matteo Visconti e papa Giovanni XXII secondo i documenti dell'archivio vaticano*, dans l'*Archivio storico lombardo*, sér. II, vol. V, a. XV, 1888, p. 249 et ss. d'après une copie du Vat. lat. 3937 qui se trouve à la Bibliothèque universitaire de Bologne (n° 1233).

[1] Cf. Vat. lat. 3937, et *Annales Mediolanenses* dans *Rer. Ital. SS.*, XVI, col. 698.

I.

Les débuts du procès.

L'avènement au pontificat de l'évêque de Cahors, Jacques d'Euze, ne fit qu'accroître l'état de trouble et de discorde où se trouvait l'Italie septentrionale dans les premières années du XIVe siècle. Son élection suscita, on le sait, des violentes colères et des haines tenaces. Jean XXII qui devait trouver avec les Fraticelles une opposition populaire [1], rencontra dans les trois vicaires impériaux du nord de l'Italie, Cangrande della Scala de Vérone, Passerini de Mantoue, et Matteo Visconti de Milan [2], les chefs de l'opposition seigneuriale qu'il devait user ses ressources à combattre [3].

[1] Cf. Ehrle, *Die Spiritualen, ihr Verhältniss zum Franziskanerorden und zu den Fraticellen (Archiv für Litteratur und Kirchengeschichte, IV, p. 7 et ss.).* — Nombre de frères parcouraient les villes et les campagnes, prêchant contre Jean XXII, l'accusant d'être hérétique et soulevant le peuple contre lui. Cf. Ehrle, *Ludwig der Bayer und die Fraticellen und Ghibellinen von Todi und Amelia im Jahre 1328 (Ibid., I, p. 158 et ss., II, p. 653 et ss.).*

[2] Sur le vicariat des Visconti, cf. Sickel, *Das Vicariat der Visconti (Sitzungsberichte der Kaiserlichen Akademie der Wissenschaften, Phil. Histor. Classe, 1859), p. 3 et ss.*

[3] Arch. du Vatican, *Introitus et exitus* 49: Dépenses faites pour la guerre de Lombardie contre les rebelles, 1321-2. Ce registre, fort intéressant, montre quelles sommes énormes l'église employait à combattre ses adversaires du nord de l'Italie; cf. f°s 9, 13. Cf. de même *Collectorie* 145, f° 19, le petit cahier intitulé: « Cartularium subsidii oblati domino nostro pape per prelatos et alias personas ecclesiasticas contra rebelles... CCC floren. auri quos idem prepositus... in subsidium expugnationis Galeacii de Vicecomitibus et fratrum suorum hereticorum dampnatorum eorumque sequacium et fautorum... ».

Rien qu'en 1324 le pape avait reçu, d'après un compte incomplet, de divers prélats, églises et abbayes du midi de la France plus de 20.000 florins (*Ibid.*, f° 19 v°). De même en 1326, 1327, des sommes énormes sont versées dans le même but. Cf. le « Cartularium subsidii oblati domino papa per prelatos et personas ecclesiasticas pro expugnatione hereticorum Mediolani » (*Ibid.*, f° 33).

De ces trois adversaires Matteo était assurément l'un des plus puissants[1]. Par ses fils, mariés magnifiquement au dire des chroniqueurs, il tenait tout le pays. Galeazzo dominait à Plaisance et Crémone, Marco à Tortone et Alexandrie, Luchino à Pavie et Voghera, Stefano à Verceil et à Novare[2]. A Bergame Matteo nommait le recteur; il étendait son autorité, nous dit J. de Cermenate dans son histoire, sur la plupart des villes de Ligurie[3].

Les hostilités ne commencèrent pas immédiatement entre les Visconti et Jean XXII. Le 14 octobre 1316 le pape écrivait à Matteo lui demandant de cesser la guerre qu'il faisait à la ville de Brescia et lui annonçant l'arrivée de ses « messagers de paix »[4]. Le 12 mars 1317 il établissait une trêve de six mois entre Robert, roi de Sicile, d'une part, et Matteo Visconti, Amédée, comte de Savoie, Manfred, marquis de Saluces et Philippe de Savoie, d'autre part[5], mais le 31 mars il déclarait illégal le titre de vicaire impérial[6]. Matteo qui l'avait reçu de l'empereur[7] devait donc le déposer, ce qu'il fit; mais il conserva l'office et se fit proclamer seigneur par le peuple de Milan.

C'est peu après que se place la venue dans cette ville des légats pontificaux qui parcouraient l'Italie septentrionale et tâ-

---

[1] « Quorum... nullus remansit qui in fortia Mattei non fuerit, et exaltatum est nomen ejus et amplificata ejus dominatio » (*Rer. Ital. SS.,* XII, col. 1112).

[2] *Ibid.,* col. 1113. Cf. Riezler, *Vatikanische Akten,* p. 25. Dans ces deux dernières villes Matteo tenait les habitants « sub ungula » (*Ibid.,* p. 24).

[3] *Historia Johannis de Cermenate notarii Mediolanensis,* n. éd. de L. A. Ferrai (*Fonti per la storia d'Italia* pub. dall'*Istituto storico italiano*), Roma, 1889, p. 30.

[4] Preger, *Die Politik Johanns XXII in Bezug auf Italien und Deutschland,* dans *Abhandlungen der historischen Klasse der Königlich. Bayerischen Akademie der Wissenschaft,* XVI, II, 1882, p. 160-1.

[5] Riezler, n° 39, p. 18-9.

[6] Martène et Durand, *Thesaurus novus anecdotorum,* II, col. 643.

[7] Riezler, p. 103, n° 186.

chaient d'y négocier la paix. Reçus avec honneur dans l'église cathédrale aux derniers jours d'avril, ils proposèrent à Matteo la trève désirée par le pape. Ils lui demandèrent notamment le rappel des habitants de Milan, de Pavie, de Tortone, d'Alexandrie, de Novare, de Plaisance qu'il avait dépouillés, emprisonnés ou expulsés. Matteo répondit que son autorité suffisait à assurer la paix et la justice sur ses terres et que les della Torre ne devaient et ne pouvaient être admis à Milan où plus de cinquante nobles « étaient prêts à manger leurs fils plutôt qu'à laisser rentrer dans la ville ou à libérer les partisans de cette famille »[1].

Le 14 mai les légats pontificaux quittaient Milan et allaient à Brescia, à Vérone, poursuivre leur mission [2]. Celle-ci avait échoué dans le domaine des Visconti comme elle devait échouer dans les seigneuries voisines. De l'aveu du pape lui même ses envoyés n'étaient pas parvenus à faire la paix entre les guelfes et les gibelins [3] ; les Visconti [4] continuaient de guerroyer dans le nord de l'Italie. L'Eglise eut alors recours aux armes spirituelles.

Le premier procès contre Matteo fut commencé le 28 novembre 1317 ; Guido, évêque d'Asti, et Leone, évêque de Côme, en furent chargés [5].

Sommé à plusieurs reprises de relâcher les della Torre qu'il tenait emprisonnés, Matteo refusa. Convoqué ainsi que son juge Scoto

---

[1] « Quod in Mediolano erant quinquaginta nobiles qui ante comederent filios suos quam illuc redire permitterent Turrianos vel eos vel alios de carcere liberarent. » (*Ibid.*, p. 26).

[2] *Ibid.*, p. 27.

[3] « Et licet iidem inquisitor et minister ad partes accedentes easdem pro reformanda pace multo labore sudaverint, nichil tamen profecerunt » (*Ibid.*, p. 73, n° 121).

[4] *Chronicon parmense* (*Rer. Ital. SS.*, nouv. éd., IX, 9, p. 154. cf. p. 146-7, 152); *Annales Mediolanenses* (*Rer. Ital. SS.*, XVI, col. 697).

[5] Quelques unes des pièces originales de ce procès (Arch. du Vatican, *Instr. miscellanea*, a. 1316-7, n° 44, et a. 1317-8, n° 2), ont été publiées partiellement par Ratti (*Rendiconti dell'Istituto Lombardo*, 2e série, XXXVI, 1903, p. 1055 et ss.).

de San Gemignano à comparaître devant les évêques, il ne s'y résolut que le 3 décembre, dans le cloitre du monastère de Saint Ambroise. Le 10 février 1318 l'évêque notifiait au pape que depuis un mois déjà l'excommunication avait été prononcée contre Matteo et l'interdit contre Milan et toutes les villes, terres, châteaux et lieux qu'il gouvernait ou qui lui obéissaient[1]. En même temps que Matteo, les seigneurs de Vérone et de Mantoue, Cane della Scala et Passerini, étaient excommuniés et sommés, le 6 avril, d'avoir à se présenter dans les deux mois devant le Saint Siège[2].

En réponse à ces mesures la ligue gibeline élut le 16 décembre, à Soncino, Cangrande comme son capitaine[3]. La cour pontificale se décida alors à prendre l'offensive. Jean XXII confia au cardinal Bertrand du Pouget le titre de légat en Italie. Envoyé « comme ange de la paix »[4] il allait donner à la guerre lombarde une nouvelle impulsion.

II.

Les dépositions contre les Visconti.

Les chroniqueurs ont retracé avec quelques détails les péripéties de la lutte qui se livra alors. Mais à les lire on prendrait une idée insuffisante de son vrai caractère. Les documents d'archives sont ici plus vivants que les chroniques.

---

[1] *Ibidem*, p. 1063, cf. p. 1053.

[2] Preger, *Die Politik Johanns XXII* dans *Abhandlungen der hist. Klasse der König. Münch. Akad.*, XVII, p. 205-6, 211-2. — Cf. Capasso, *op. cit.*, p. 286.

[3] « In quo parlamento dominus Canisgrandis de la Scala factus fuit generalis capitaneus guerre lige gebelline partis tocius Lombardie » (*Chron. Veron.* dans *Rer. Ital. SS.*, VIII, col. 642). — Cf. Spangenberg, *Cangrande I della Scala*, I, p. 167.

[4] « Tanquam pacis angelum destinamus » (Riezler, p. 74, n° 121). Cf. *Annales Mediolanenses* dans *Rer. Ital. SS.*, XVI, col. 697).

Alors que celles ci ne nous parlent que des combats du légat de Jean XXII contre les Visconti, un texte curieux conservé aux archives du Vatican [1] nous montre ces derniers recourant à d'autres armes, employant pour abattre leur adversaire la magie et l'envoûtement; aux plus graves accusations de sorcellerie il mêle le nom de Dante.

Le document en question consiste en deux dépositions qui auraient été faites par un clerc milanais, Bartolomeo Canholati, à Avignon, le 9 février et le 11 septembre 1320, en présence d'Arnaud de Via, cardinal-diacre du titre de Saint-Eustache [2], de Pierre, abbé de Saint-Sernin de Toulouse [3] et de Gérard de Lalo, notaire apostolique d'Avignon; le légat pontifical, Bertrand du Pouget [4], assistait également à la première de ces dépositions.

Encore que publiées [5] ces dernières sont assez importantes pour qu'on les résume avec quelque précision. Voici la substance de la première.

Vers le milieu du mois d'octobre 1319 se trouvant à Paullo, Bartolómeo reçoit de Matteo Visconti l'ordre de venir à Milan. Il s'y rend le lendemain et trouve le seigneur de la ville dans une chambre de son palais avec son juge Scoto de San Gemignano

---

[1] *Instr. miscellanea*, an. 1320, n°ˢ 2 et 2ª.

[2] Sur Arnaud de Via, frère de Jacques de Via qui mourut, peut-être emprisonné, en juin 1317, cf. Duchamel, *Un neveu de Jean XXII, le cardinal Arnaud de Via*, dans *Bull. monumental*, 1883-4, p. 401-35.

[3] Pierre Tissier, vice chancelier de l'église romaine, abbé de Saint-Sernin en 1318, fut cardinal de San Stefano au Celius en 1320, et mourut en 1330.

[4] On a cru, sans raisons semble-t-il, que Bertrand du Pouget était le neveu du pape. Cf. Ciaccio, *Il cardinale legato Bertrando du Pouget*, Romagna, 1905, p. 91.

[5] Eubel, *Vom Zaubereiunwen anfangs des 14. Jahrhunderts*, dans *Historiches Jahrbuch*, XVIII, 1897, p. 609 à 625. Le texte est publié correctement, on peut seulement regretter que des deux exemplaires qui nous en sont parvenus l'éditeur n'ait pas choisi celui qui porte seul le seing et la souscription du notaire.

et un médecin Antonio Pelacane. « J'ai un grand service à te demander » lui dit Matteo, et, comme le clerc proteste de son dévouement, il lui fait montrer une statuette d'argent, longue de plus d'une palme, ayant figure et forme humaine, portant sur le front ces lettres sculptées : *Jacobus, papa Johannes*, et sur la poitrine un signe cabalistique représentant Saturne avec ce mot : *Amaymon*, nom d'un démon de l'occident. Un couvercle d'argent recouvrait la tête perforée de l'image.

« Ce pape, déclare Matteo, est aussi peu pape que moi Dieu ; s'il était pape il ne ferait pas ce qu'il fait, il ne précipiterait pas dans l'erreur tout l'univers. Il s'efforce de me dépouiller de mon héritage et de m'anéantir ; je ferai mon possible pour lui rendre la pareille » [1]. Et, après d'autres injures contre Jean XXII il ajoute : « Vois, Bartolomeo, cette image que j'ai fait faire pour causer la mort du pape ; il faut qu'elle soit soumise à des fumigations ; tu sais les faire, fais les donc avec la solennité qui convient ; je te ferai riche et puissant » [2]. Bartolomeo refuse, disant qu'il ne sait les faire ; il déclare même ne plus avoir du « suc de mapello », décoction empoisonnée que Scoto de San Gemignano a vue entre ses mains. Irrité de ce refus Matteo le chasse avec colère, le menaçant de la mort s'il révèle rien de ce qui lui a été dit.

Le mois suivant Bartolomeo est de nouveau appelé à Milan par Matteo qui le reçoit aimablement et lui demande d'aller porter à

---

[1] « Iste papa ita parum est papa sicut ego quantum ad Deum, et si esset papa non faceret ista que facit, nec poneret totum mundum in errore, et nittitur et laborat et posse suum facit me exheredare et extirpare ; et ego conabor et posse meum faciam quod sibi similia faciam » *(Ibid.,* p. 611).

[2] « Vide, Bartholomee, ecce istam imaginem quam feci fieri ad destructionem istius pape qui me persequitur ; et est necessarium quod subfumigetur, et quia tu scis facere subfumigationem in talibus volo quod tu facias subfumigationes isti ymagini cum solennitatibus convenientibus, et scias quod si hoc feceris que rogo, ego faciam te divitem et potentem juxta me et in terra mea » *(Ibid.,* p. 611).

Vérone, à Pietro Nani, habile dans l'art des incantations, l'image du pape. Et comme il s'excuse sur l'état de sa santé, le seigneur de Milan s'écrie : « Je vois bien que tu ne veux me rendre aucun service, va-t-en, va-t-en ! ».

Resté cependant huit jours dans la ville Bartolomeo apprend que maitre Antonio est parti pour Vérone vers le 18 novembre et n'est revenu que vers Noël. Retourné lui même à Paullo il est appelé à la cour pontificale ; avant de s'y rendre il repasse à Milan où Scoto lui montre un livre de magie avec des formules pour attirer l'amour, exciter la haine ou découvrir les voleurs, et où les voyelles étaient remplacées par des points : Scoto lui montre aussi la statuette d'argent à laquelle on a ajouté entre les épaules le mot de « Meruyn », sans doute le nom d'un démon ; il lui expose aussi, à sa demande, toutes les conjurations auxquelles on doit soumettre l'image.

Le témoin assure aux inquisiteurs qu'aussitôt après avoir vu la statue de Jean XXII il a averti Simone della Torre [1] et ses amis de veiller sur le danger qui menaçait le pape.

Du moins sa déposition mettait-elle la cour pontificale au courant de l'affaire.

Le 11 septembre 1320 Bartolomeo complète ainsi ses premières déclarations.

Un jour du mois de mars, entrant dans Milan, il est arrêté par les gens de Matteo, et, sans autre explication, mis en prison. Soupçonné d'avoir révélé à la cour pontificale les démarches faites auprès de lui il est mis à la torture malgré son affirmation qu'il n'est allé à Avignon que pour soigner Pierre de Via, malade, et qu'il n'a pas touché mot de l'affaire de l'envoûtement. Relâché au bout de quarante jours, sans qu'on ait pu lui arracher aucun aveu, sur l'intervention de plusieurs nobles et prudhommes de Milan et moyennant deux

---

[1] Simone della Torre et plusieurs de ses partisans, guelfes acharnés et grands adversaires des Visconti avaient été chassés par eux de Milan.

mille florins d'or versés en gage de son obéissance à Scoto devant lequel il doit comparaitre deux fois par jour, il reçoit une lettre de Galeazzo l'engageant à venir à Plaisance. Sur sa réponse qu'il est contraint de rester à Milan, celui-ci le fait relâcher, l'emmène avec son armée au château de Malleo[1], et, de retour à Plaisance, le traite avec honneur et lui exprime son regret des mauvais traitements que lui a infligés Matteo; il lui demande en confidence s'il n'a rien fait pour empêcher la réussite de l'envoûtement, tout en lui jurant de le protéger et de garder son secret. Bartolomeo répond qu'il n'est pour rien dans cet insuccès dû seulement au fait que les pratiques ont été mal faites. Scoto lui ayant demandé conseil pour achever les incantations, lui promettant de grandes richesses, il s'excuse, disant qu'il ne peut rien faire sans se damner. Alors Galeazzo: « Ne crains rien, sache au contraire que si ton âme était perdue et damnée, elle serait sauvée si tu faisais ce que je demande. Vois en effet combien ce pape sème la mort dans toute la Lombardie et de combien d'homicides il est cause. Celui qui le ferait mourir aurait le salut éternel. Ce pape a partie liée avec les guelfes, il les fait rentrer dans leurs demeures et pourchasse au contraire les gibelins. Tuer ce pape serait œuvre de miséricorde ». Bartolomeo demande à réfléchir. Galeazzo reprend: « Sais-tu que j'ai fait venir maitre Dante Alighieri de Florence pour cette affaire ». Bartolomeo: « Il me plait que Dante fasse ce que vous demandez ». Galeazzo: « Pour rien au monde je ne souffrirais que Dante intervienne en cette affaire; je ne la lui révèlerais pas pour mille florins d'or car je veux que tu t'en charges; j'ai grande confiance en toi »[2].

---

[1] Commune des environs de Lodi. Cf. *Rivista d'Italia*, 1898, II, p. 137.

[2] « Vide, Bartholomee, non timeas propter hoc perdere animam; ymmo scias quod si anima tua esset perdita et dampnata, anima tua salvaretur si tu faceres ea que rogo; quia tu vides qualiter iste papa ponit morbum in tota Lombardia et Ytalia et fecit fieri et committi homicidia et scias pro certo quod ille homo salvaretur qui procuraret quod iste papa moreretur. Tu enim, Bartholomee, vides quod notorium est quod iste papa est

Deux jours après Bartolomeo feint d'être prêt, il demande l'image
et va à Milan acheter le suc vénéneux nécessaire à l'envoûtement.
Mis en possession de la statue peu après son retour il la reconnait
pour celle qu'on lui a déjà montrée.

Cette image il l'a apportée à Avignon; il la produit, ainsi que
les lettres de Galeazzo, devant l'abbé de Saint-Sernin, devant Arnaud
et le notaire Gérard de Lalo.

*
* *

Telles sont les dépositions du clerc de Milan. Avant de les
critiquer il convient d'en rapprocher les autres témoignages recueillis
contre Matteo et ses fils.

Conservés dans le ms. Vat. lat. 3936 de la Bibliothèque Va-
ticane [1] — resté inédit et inutilisé jusqu'ici — ils constituent une
source importante et curieuse pour l'histoire des villes de Lombardie
dans les premières années du XIVe siècle et nous renseignent sur

parcialis et facit partem cum parte gelfa et facit gelfos ejectos reduci
in domos suas et non permittit quod gibellini reducantur ad domos suas
set cassat et persequitur gebellinos. et ideo scias pro firmo, Bartholomee,
quod magnam elemosinam et misericordiam faceret quicumque daret
mortem isti pape, et ideo rogo te. Bartholomee, quod tu facias ea de quibus
ego rogo te ». Et tunc dictus Bartholomeus respondit super predictis:
« Domine Galas, sciatis quod ego cogitabo super predictis quid ego po-
tero facere ». Cui Galas dixit: « Deus det tibi bene cogitare ». Et tunc
ibidem dictus Galeas dixit eidem Bartholomeo: « Scias quod ego feci ve-
nire ad me magistrum Dante Aleguiro de Florentia pro isto eodem negotio
pro quo rogo te ». Cui Bartholomeus dixit: « Sciatis quod multum placet
michi quod ille faciat ea que petetis ». Cui Bartholomeo dictus Galas
dixit: « Scias, Bartholomee, quod pro aliqua re de mundo ego non susti-
nerem Dante Aleguiro in predictis poneret manum suam vel aliquid faceret,
yumo nec revelarem sibi istud negocium qui daret michi mille florenos
auri quia volo quod tu facias, quia de te multum confido » (Arch. du
Vatican, *Instr. miscellanea*, an. 1320, n° 2 et n° 2 bis: cf. *Historisches
Jahrbuch*, 1897, p. 621).

[1] Nous en donnons d'importants extraits dans nos Pièces justificatives, n° 1.

les luttes qui se livraient alors, sur les mœurs réelles ou supposées des adversaires de Jean XXII.

Au premier abord ils semblent accréditer la déposition de Bartolomeo. A les croire les Visconti auraient largement mérité le reproche d'hérésie, voire de magie. Ils seraient bien capables d'avoir machiné contre le pape le complot dont les accuse le clerc milanais.

Non seulement, affirment divers témoins, Matteo a fait chasser par son viguier Scoto de San Gemignano les inquisiteurs chargés par le pape de poursuivre en Lombardie leur laborieux office et empêché les tribunaux de l'inquisition de fonctionner, mais il encore excité la colère du peuple de Milan en dispersant des croisés réunis pour une prédication. On cite de lui des propos entachés d'hérésie : devant témoins il a nié la résurrection de la chair, la providence divine, l'enfer, le paradis, et déclaré qu' « après cette vie rien ne survit de l'homme » [1]. Instigateur et ami de l'hérésiarque Dolcino [2], l'hérésie est pour lui comme une tradition de famille : ne sait-on pas qu'une de ses aïeules fut privée de sépulture ecclésiastique, que sa mère était parente de l'hérétique Manfreda, livrée au bras séculier et qu'il a vainement tentée de délivrer, qu'enfin une sœur de son père ou de son aïeule avait épousé le comte de Cortenova dont le château, repaire d'hérétiques, fut détruit par les inquisiteurs [3].

Allié aux infidèles et aux schismatiques Matteo a formé une ligue contre l'Eglise avec le roi de Tunis, envoyé des ambassadeurs au roi de Grenade, poussé les gibelins, les rebelles de Lombardie, Frédéric de Sicile et tous leurs partisans à faire un nouveau pape

---

[1] *Ibidem*, f° 19.

[2] *Ibidem*, f° 20 v°. La chose n'est pas impossible. Dolcino parcourut en effet toute la Lombardie (*Historia fratris Dulcini heresiarche* dans *Rer. Ital. SS.*, nouv. éd., t. IX, 5, p. IX, note 4). Sur l'hérésie de fra Dolcino, cf. notamment : Tocco, *Gli apostolici e fra Dolcino* dans *Archivio storico italiano*, série V, XIX, 1897, p. 241 et ss.

[3] Pièce justificative I, f° 21 v° et ss.

pour l'opposer à Jean XXII. Lors de son entrevue à Soncino avec Cangrande della Scala il a fait célébrer un office divin sur le tombeau d'Aicelino Romano, rebelle à l'Eglise et excommunié; trouvant son cadavre à peu près intact trois ans après l'ensevelissement il a crié au miracle et adoré le mort comme un saint [1].

Enfin les témoins qui l'accusent de magie ont vu chez lui des écrits avec invocations démoniaques; on assure aussi qu'il prend conseil de deux démons familiers [2].

Des accusations aussi graves sont recueillies contre Galeazzo. L'évêque de Plaisance et divers prélats ont été chassés par lui de cette ville; il s'est emparé de leurs biens et de ceux des maisons religieuses; il a porté atteinte aux ecclésiastiques, levant sur eux des tailles indues; sur son ordre des prêtres ont été mis à mort; les inquisiteurs dépouillés de leurs privilèges accoutumés n'ont pu remplir leur office. Enfin il a violé l'interdit de Plaisance. On l'accuse aussi d'avoir fréquenté la maison de l'hérétique Manfreda, de n'avoir, lors de sa condamnation, échappé à l'obligation de se croiser qu'à l'intervention de son père. Impudique comme lui il a déclaré que la fornication n'est pas un péché, que la continence des religieux ne vaut rien au regard de Dieu car les choses du monde sont faites pour qu'on en use; on l'accuse joignant l'exemple à la parole d'avoir abusé de plusieurs religieuses des monastères de Milan.

On lui prête les propos les plus impies: « Croyez-vous, a-t-il dit à des dominicains, croyez-vous que tout ce que vous prêchez et dites des peines de l'enfer soit vrai? A coup sûr vous ne dites tout cela que pour effrayer les gens ». Sa haine contre Jean XXII éclate à chaque instant; il a déclaré un jour que celui-ci n'était pas vrai pape: « Si je tenais celui qui se dit son légat, a-t-il ajouté, je le noierais dans le Pô ».

[1] *Ibid.*, f° 25.
[2] *Ibid.*, f° 20.

Il est coupable enfin d'adorer des statues, de prendre conseil de ses idoles, d'avoir attiré à Plaisance tous les nécromanciens et de posséder un grand nombre de traités de sorcellerie pour invoquer les démons [1].

Ce sont à peu de choses près les mêmes bruits qu'on recueille contre les autres fils de Matteo. A Marco on réproche d'avoir porté mille préjudices à l'église de Terdone; il a contraint un prêtre à se déshonorer, il a violé l'interdit, entravé l'inquisition, enfin il a fait brûler des statuettes représentant le pape, le légat et l'évêque de Verceil [2]. Luchino s'est emparé des châteaux, des droits et des biens de l'église de Pavie, il a chassé l'inquisiteur de cette ville. Quant à Stefano, sur l'ordre de son père, il a emprisonné l'évêque de Verceil et divers prélats.

Contre Giovanni on n'a pu prouver qu'il ait pris conseil des démons mais on sait qu'il a rempli les églises et les monastères de gens indignes et qu'il a intercepté les courriers envoyés à Milan par le pape [3].

III.

Valeur des témoignages.

On le voit les charges relevées contre les Visconti sont fort graves. Accusés d'avoir essayé d'envoûter Jean XXII ils sont convaincus d'hérésie, de sorcellerie.

Mais quel crédit faut il accorder à tous ces témoignages recueillis contre eux? Que vaut la déposition de Bartolomeo Canholati, que valent les autres dépositions du procès?

---

[1] Pièce justificative I.

[2] Pièce justificative I; « Prefatusque Marchus statuas seu ymagines faciens fabricari personas domini pape ac domini legati ac prefati episcopi Vercellensis representantes in eorum ignominiam et contemptum fecit comburi » (Bibl. du Vatican, ms. Vat. lat., 3937, p. 102).

[3] Pièce justificative I.

On ne saurait évidemment prendre à la lettre toutes les affirmations du clerc milanais; la critique à vrai dire ne laisse pas
que d'en être assez délicate. Du moins ne peut-on mettre en doute,
comme on l'a fait [1], l'authenticité du document. Il nous est parvenu sous deux formes, d'une part en rouleau de parchemin rédigé par le notaire apostolique Gérard de Lalo et revêtu de son
seing [2] que nous retrouvons en d'autres documents [3], d'autre part
dans un cahier de papier [4] dépourvu de toute marque d'authenticité [5]. L'écriture sans être la même ici et là date de la même époque, de la première moitié du XIVe siècle.

Mais, pour être authentique au sens diplomatique, le document
que nous examinons n'est pas pour cela véridique, et l'on peut
se demander avec M. Capasso [6] si toute la déposition de Bartolomeo
n'est pas un manège de la cour papale pour accuser, après tant
d'autres, les Visconti du crime de magie et d'hérésie.

---

[1] Capasso, dans *Giornale storico della letteratura italiana*, XXVI,
1895, p. 463.

[2] « Et ego Geraldus de Lalo, clericus de Monteviridi, sancti Flori
dyocesis, publicus apostolica auctoritate notarius, premissis juramenti
prestationi, interrogationibus et depositioni memorati Bartholomei una
cum prefatis dominis cardinalibus et vicecancellario presens interfui, et
requisitus per dominos eosdem in hanc presentem publicam formam in
quinque rotulis glutino conjunctis redegi et signo meo consueto in locis
juncturarum quinque signavi ». (Arch. du Vatican, *Instr. miscellanea*,
a. 1320, n° 2). Le rouleau est composé en effet de cinq feuilles de parchemin collées ensemble. Le seing de Gérard de Lalo à cheval sur chacun des quatre raccords se trouve encore à la fin de la pièce, en sorte
qu'il figure bien cinq fois sur l'acte en question.

[3] Notamment dans les pièces du procès de Hugues Gérard conservées aux archives du Vatican, *Collectorie* 493, f° 7, 8, 9, etc.

[4] Le cahier à couverture de parchemin comprend 20 feuillets dont
trois en blanc.

[5] Arch. du Vatican, *Instr. miscellanea*, a. 1320, n° 2. C'est ce texte
qu'a publié Eubel.

[6] *Bollettino della Società Pavese*, 1908, p. 290-1. M. Capasso ne semble
pas avoir vu le document dont il parle. Celui ci ne se trouve pas dans
le ms. Vat. 1320 mais dans les *Instr. miscellanea*, a. 1320.

Remarquons tout d'abord que c'est le même notaire chargé d'instruire en 1317 contre Hugues Géraud[1] qui a enregistré les dépositions de Bartolomeo; de plus celles ci sont faites en présence de Pierre, abbé de Saint-Sernin, déjà chargé en 1318 par Jean XXII d'instruire le procès de Bernard Délicieux[2] et qui figure dans l'affaire d'Hugues Géraud[3], dans celle de l'archevêque d'Aix Robert[4], dans le procès enfin fait aux négromanciens[5]. Ce fait, s'il peut jeter quelqne suspicion sur l'origine de ces dépositions dont l'auteur n'est point connu par ailleurs, ne constitue pas cependant un argument contre elles. Un défenseur de Jean XXII convaincu de la culpabilité de Hugues Géraud y verrait même un indice en faveur de leur véracité[6].

A dire vrai, des faits, des détails qui sont rapportés dans la déposition de Bartolomeo plusieurs semblent exacts[7] et aucun n'est invraisemblable.

---

[1] Albe, *Hugues Géraud*, p. 70, 77, etc. — La même année nous retrouvons Gérard de Lalo chargé d'assigner aux familiers du pape leur logis en Avignon. Il n'est plus désigné ici sous le titre de notaire, mais sous celui de chapelain du pape. (Arch. du Vatican, *Collectorie* 52, f° 48 v° et passim).

[2] Hauréau, *Bernard Délicieux*, p. 146.

[3] Albe, p. 33 note 2, 36 note, etc.

[4] Mouan, dans *Mém. lus à la Sorbonne, Histoire*, 1869, p. 173.

[5] Hansen, *Quellen und Untersuchungen zur Geschichte des Hexenwahns*, p. 2.

[6] Albe, p. 135.

[7] Bartolomeo nous raconte qu'à une époque que son récit place au mois de mai 1320 il accompagna au château de Malleo Galeazzo qui s'y rendait avec son armée; « et in crastinum ivit apud Placentiam et secum fuit in exercitu castri Mallei per decem dies » *(Hist. Jahrbuch*, 1897, p. 620). Or nous savons par les chroniqueurs qu'au mois de mai 1320 Galeazzo se trouvait bien au château de Malleo avec ses troupes: « Anno Christi MCCCXX, de mense madii, dominus Galeaz Vicecomes cum exercitu Placentinorum et Laudensium fecit exercitum ad castrum Mallei » (*Chronicon placentinum* dans Muratori, *Rerum Ital. SS.*, XVI, col. 492); « eodem anno dominus Galeazius Vicecomes, dominus Placentie, cum Placentinis et soldatis suis... exivit hostiliter et posuit exercitum suum contra castrum Mallei, districtus Laudi, et stetit ibi per magnum tempus » (*Chronicon parmense*, dans *Rer. Ital. SS.*, nouv. ed., t. IV, part. IX, p. 162).

Les pratiques d'envoûtement semblent avoir été très répandues au début du XIVe siècle. Sans doute on ne saurait s'autoriser pour l'affirmer du grand nombre d'affaires où il en est question [1]. Nous savons qu'on ne craignait pas d'accuser de sorcellerie ceux dont on voulait se débarrasser. Un intéressant document nous apprend que des clercs du diocèse de Béziers avaient fabriqué du temps de Jean XXII de fausses lettres pour convaincre leur évêque Guillem d'une tentative d'envoûtement contre Jean XXII [2]. Mais le fait même qu'on mêlait à tout cette pratique tend à prouver qu'elle était entrée plus ou moins profondément dans les mœurs [3]. Le XIVe siècle, d'une manière générale, a cru au maléfice de l'envoûtement, comme à l'influence des astres, comme à la puissance des démons [4].

[1] En 1316 le cardinal François Caetani fut accusé d'avoir essayé d'envoûter le roi de France, le comte de Poitiers et Jacques et Pierre Colonna. Cf. Bertrandy, *Recherches sur l'origine, l'élection et le couronnement de Jean XXII*, Paris, 1854, et Ch. - V. Langlois, *Notices et documents relatifs à l'histoire de France à la fin du XIIIe et au commencement du XIVe siècle. L'affaire du cardinal Francesco Caetani*, dans *Revue historique*, LXIII, p. 56. C'est à cette affaire que fait allusion la lettre publiée par Coulon dans les *Lettres curiales de Jean* XXII, col. 63-4, n° 71. Robert d'Artois et Hugues Géraud, évêque de Cahors, furent accusés de tentatives analogues, le premier contre Jean le Bon (B. Zeller, Philippe VI et Robert d'Artois, 1885, p. 77-171), le second contre Jean XXII (E. Albe, *op. cit.*). Cf. encore J. M. Vidal, *Affaire d'envoûtement au tribunal d'inquisition de Tours*, dans *Revue de Bretagne*, 1902-3, p. 485 à 504.

[2] Pièce justificative II. Les ennemis de Mahaut d'Artois avaient suborné contre elle de faux témoins. Cf. *Mém. Soc. Antiquaires*, XXVIII, 3e série, t. VIII.

[3] M. Ch. - V. Langlois est peu enclin à admettre, en règle générale, les accusations de ce genre (*Revue historique*, LXIII, p. 70). Peut-être faut-il se garder de pousser trop loin le scepticisme. Dans l'affaire de Guichard de Troyes le texte récemment publié par G. Mollat (*Moyen Age*, 1908, p. 309-314) semble montrer que l'évêque ne fut pas si innocent qu'on pouvait le croire.

[4] Hansen, *Quellen und Untersuchungen zur Geschichte des Hexenwahns*, p. 2 et suiv., 14-15, 447-9. Les affaires d'idolatrie et de magie étaient si fréquentes qu'il existait des formulaires d'interrogatoire pour les accusés de cette catégorie. Cf. Fumi, *Eretici et ribelli, Bollettino*

Aux images de plomb [1], de cire [2] ou d'argent [3] les hommes de ce temps ne demandaient pas seulement la mort de leurs ennemis, ils les invoquaient pour savoir grâce à elles les secrets de l'alchimie ou même de l'histoire, les vérités et les trésors cachés [4]. Deux clercs de Toulouse espèrent, en 1323, apprendre d'une statue de plomb qu'ils font fabriquer si les filles du comte de Bruniquel ont été empoisonnées comme le croit leur père [5]. D'étranges

Società Umbria, III, 1897. p. 445 et ss., Hansen, *op. cit.*, p. 48 et ss. Plusieurs écrits de Jean XXII attestent l'extraordinaire développement de ces superstitions sous son pontificat : « Quia ergo adorare demonem, baptizare ymagines et talia sunt valde gravia peccata et modernis temporibus multum incipiunt pullulare... Adorare demonem vel baptisare ymaginem potest procedere ex duabus causis distinctis, scilicet vel quia credo demonem adorandum vel ymaginem esse capacem affectus et sacramenti baptismi, vel quia aliquo pacto expresso vel tacito cum demone hoc facto ut demon indimpleat desiderium meum in hiis que non sunt supra facultatem suam » (Bibl. du Vatican, ms. Vat. lat. 4869, fº 79 vº col. 1 et 2). Cf. Pièces justificatives I et II.

[1] Hansen, *op. cit.* p. 448.

[2] *Ibid.*, p. 14.

[3] *Historisches Jahrbuch*, 1897, p. 610.

[4] *Ibid.*, p. 14. p. 448, etc.

[5] « Et tunc ipse deponens [Petrus Raimundi Sparnerii], promisso quod nemini revelaret, ymmo secrete teneret quidquid sibi diceret dictus dominus prior, dixit sibi ostendendo quandam peciam pargameni in qua erat depicta quedam ymago ad effigiem hominis : « Ego loquebar Petro Engilberti quod perquireret michi unum hominem qui secrete talliaret michi unum molle ad similitudinem istius ymaginis in lapide, et ymago de plumbo quam in ipso molle faciemus loquetur, ut dicit Petrus Fabri, semel in mense, dicendo veritatem de hiis que petentur ab ea, ita quod dicet nobis veritatem alquimie in qua tantum laboravimus. Item, et dicet etiam nobis veritatem si filie vicecomitis Bruniquelli fuerunt pocionate, nam dictus vicecomes credit quod fuerint pocionate et rogavit me instanter quod modis omnibus scirem sibi veritatem ». Vidimus du 3 mars 1326 par l'official de Toulouse des confessions faites le 27 juin 1323 devant la cour archiépiscopale de cette ville par deux clercs qui avaient fait fabriquer des images. (Original scellé sur queue de parchemin, Arch. du Vatican, *Instr. miscellanea*, a. 1323, nº 15 ; acte publié par Hansen, p. 447-9, qui a lu *Alquienne* au lieu de *alquimie*, et *patronate* au lieu de *pocionate*).

coincidences entretenaient ces superstitions. Jacques de Via n'était-il pas mort peu après son envoûtement par Hugues Géraud ? [1].

On ne saurait donc s'étonner que les plus grands adversaires du pape aient eu recours contre lui, après les armes et les complots [2], à la magie.

Contre les sortilèges Jean XXII lui même a employé les sortilèges [3]. Il a cru, ou feint de croire, à leur efficacité. Une bulle du 27 février 1318 enjoignant à l'évêque de Fréjus et à Pierre Tissier de rechercher activement les clercs et les laïcs qui s'adonnaient à la négromancie [4] nous montre l'idée que le pape se faisait de leur efficacité. Ce ne sont pas à des chimères que s'adressent les prières et les supplications des sorciers que maudit Jean XXII mais à des esprits pervers et puissants; la magie est une science née d'un fol désir de savoir et « de la conspiration maudite des hommes et des mauvais anges » [5].

[1] Cf. Albe, p. 54-5.

[2] En 1317 Bernard Artige forma contre le pape un complot à main armée : Raynaldi, *Annales ecclesiastici*, a. 1317, n° 51, col. 72; Vaissète, IX, p. 462; Albe, p. 131; cf. la lettre de Jean XXII du 18 septembre 1317 (Guérard, *Documents sur la Gascogne*, n° 22, p. 27; Coulon, *Lettres curiales de Jean XXII*, n° 224.

[3] La lettre du 8 mars 1317 de Jean XXII à Marguerite de Foix pour la remercier de l'antidote qu'elle lui avait procurée a été publiée par Coulon, *Un présent de Philippe V roi de France au pape Jean XXII*, dans *Mélanges*, 1894, p. 603, par L. Guérard, *Documents sur la Gascogne*, 1896, n°ˢ 3 et 4, p. 6 et ss. — Cf. Hansen, *Quellen*, p. 250-1.

[4] Cette bulle publiée en partie par Raynaldi, *Annales ecclesiastici*, a. 1317, n° 53; par Coulon, *Lettres curiales de Jean XXII*, n°ˢ 484 et 485, col. 397 et ss.; par Eubel, *Historisches Jahrbuch*, 1897, p. 627; par Fumi, *Eretici e rebelli nell'Umbria*, dans *Bollettino Società Umbra*, 1897, p. 280-3, l'a été plus récemment encore par Hansen, *Quellen* p. 2 à 4, n° 3.

[5] « Johanes de Lemovicis... et quondam Thomas, dictus Alamannus, clerici, et Innocentius, barbitonsor venerabilis fratris nostri... archiepiscopi Lugdunensis... et nonnulli alii in nostra curia residentes, nolentes juxta doctrinam apti sobrie sapere set nimie vanitatis ebrietate dissipare, reprobis ausibus appetentes, se nigromancie, geomancie et aliarum magicarum artium moliminibus implicarunt et implicant scripta et libros

Diverses autres bulles de Jean XXII condamnant ceux qui fabriquent des images et invoquent les démons attestent l'étendue et la persistance à cette époque des pratiques d'envoûtement [1]. La tentative reprochée aux Visconti n'a donc rien en elle même qui doive surprendre. Pareille imputation est chose banale à cette époque.

Ce qui pourrait étonner d'avantage c'est que, d'une si grave encore que si commune accusation on ne voit pas que, la cour pontificale ait fait usage.

Sans doute les bulles pontificales parlent des crimes horribles de Matteo et de Galeazzo avec des expressions assez vagues pour rappeler parfois celles employées pour qualifier les pratiques d'envoûtement [2]; sans doute on reproche aux seigneurs de Milan

habentes hujusmodi artium, que quidem, cum sint artes demonum ex quadam pestifera societate hominum et angelorum malorum exorte, vitande forent cuilibet christiano et omni penitus execratione dampnande, speculis et ymaginibus secundum ritum suum execrabilem consecratis usi fuere frequenter, ac in circulis se ponentes malignos spiritus sepius invocarunt ut per eos contra salutem hominum molirentur aut eos interimendo violentia carminis aut eorum abreviando vitam violentia immissa langoris » (Hansen, *Quellen*, p. 2 et 3).

[1] Bulle du 22 août 1320 déclarant que les inquisiteurs pourront enquérir contre ceux « qui operantur vel operari procurant quamcumque ymaginem vel quodcumque aliud ad demonem alligandum seu cum demonum invocatione ad quodcumque maleficium perpetrandum aut qui sacramento babtismatis abutendo ymaginem de cera, seu de re alia factam, baptizant sive faciunt baptizari seu alias cum invocatione demonum ipsam fabricant quomodolibet aut faciunt fabricari... » (Hansen, *Quellen* p. 4-5, n° 4. Cf. Raynaldi, a. 1320, p. 141, n° XXXI). — Ces pratiques, dont nous avons tant d'exemples, nous sont signalées en 1326, 1327, 1330, etc. (*Ibid.*, a. 1327, p. 358, n° XLV; Hansen, *Quellen*, n°ˢ 5, 6, p. 6 et 7 : « errores et abhominationes... adhuc vigent ».

[2] « Ipsius autem execrabilium scelerum et culparum effrenata temeritas peccata multiplicavit » (Vat. lat., 3937, f° 1). Dans l'affaire d'Hugues Géraud on parle en ces termes du crime d'envoûtement dont l'évêque de Cahors était convaincu: « multa gravia et enormia dicitur commisisse » (Albe, p. 44).

de s'entretenir avec le diable et d'invoquer des démons [1], on déclare qu'ils ont encouru le châtiment des hérétiques ; mais ce n'est que dans les dépositions de Bartolomeo qu'est formulée l'accusation d'envoûtement. On ne la retrouve point dans les autres dépositions que nous avons résumées, et, si l'état fragmentaire dans lequel ces dernières nous sont parvenues empêche qu'on fasse état de ce silence, du moins l'absence de cet article dans le registre même des actes du procès semble indiquer que la cour pontificale laissa tomber cette accusation. Du moins elle n'y insista guère [2].

Peut-on de ce fait tirer avantage pour infirmer les dires du clerc milanais, c'est ce qu'il ne semble pas.

Sans doute on peut dire qu'ayant fait un faux la cour pontificale jugea dangereux de s'en servir ; mais on peut croire aussi, avec plus de vraisemblance, qu'en laissant tomber cette accusation elle ne fit qu'appliquer ce principe de droit : *Testis unus, testis nullus*. Bartolomeo étant seul à affirmer la chose elle ne pouvait être considérée comme prouvée.

En admettant cette dernière hypothèse, et c'est à quoi nous inclinons, on écarte la première car il n'est guère admissible que la cour papale ayant fait fabriquer de faux documents ait éprouvé à s'en servir des scrupules de nature juridique. A tant faire qu'à recourir à un faux elle l'eut fait probant.

A dire vrai Jean XXII n'était peut-être pas incapable d'accuser d'un crime imaginaire ses ennemis [3], mais, en l'espèce, il avait

---

[1] « Demones preterea quorum est servus effectus et cum quibus confederationem fecisse videtur, desperatus de divina potencia multociens execrabiliter invocavit et quesivit ab eis responsiones et consilia in agendis » (Vat. lat. 3937, p. 59).

[2] Nous ne croyons pas comme l'ont cru MM. Passerini (*Giornale dantesco*, 1896, p. 127) et Albe (*loc. cit.*, p. 41, note 2) que la dénonciation de Bartolomeo à Simone della Torre ait été l'origine du second procès des Visconti.

[3] Il aurait, de sa main, dans une pièce par lui signée (?) reproduit contre Bernard Délicieux l'accusation d'avoir empoisonné Benoit XI (Hauréau, *op. cit.*, p. 152).

moins d'intérêt a forger de nouvelles accusations pour perdre les Visconti déjà excommuniés, sous le coup d'un long procès, et contre qui les griefs étaient légion, que ceux ci n'en avaient à lui enlever la vie par des pratiques alors jugées presque infaillibles. Sans doute, convaincre Matteo et Galeazzo d'avoir essayé d'envoûter Jean XXII c'était leur faire encourir la peine du feu, châtiment qui avait frappé Géraud convaincu d'un crime analogue et que le pape réclame lui même dans ses traités contre les adorateurs du démon et les baptiseurs d'images [1]. Mais le crime d'hérésie suffisait déjà à requérir contre eux une peine aussi grave. Quand ils essayèrent de bruler les cendres de Matteo les inquisiteurs ne voulurent sans doute qu'exécuter contre lui le châtiment qu'il avait encouru comme hérétique [2].

On voit d'autant moins pourquoi la cour pontificale aurait forgé ce nouveau grief qu'il n'était point dans son dessein de pousser

[1] Dans ses constitutions Jean XXII distingue l'hérésie en soi, c'est à dire l'erreur intellectuelle, des pratiques extérieures qui peuvent tromper. On peut adorer le démon et baptiser les images sans être proprement hérétique. Il se peut en effet qu'on fasse cela sans penser de mal des sacrements, de la valeur propre du baptême. On peut de même fouler dans la boue le corps du Christ sans en penser de mal: « sic si alius tota die conculcaret corpus Christi et nullum honorem impenderet, dum tamen male non crederet, non esset judicandus hereticus » (Vat. lat., 4869, f° 78, col. 1), mais ce sont là subtilités de théologien qui s'évanouissent devant le châtiment. Les hommes ne peuvent juger que d'après les faits. Celui qui baptise les images sera donc puni comme hérétique. Bien plus, comme ce crime pullule il serait justice, dit le pape, de brûler ceux qui s'adonnent à de semblables pratiques: « Quia ergo adorare demonem, baptizare ymagines et talia sunt valde gravia peccata et modernis temporibus multum incipiunt pullulare, valde rationabiliter posset ecclesia statuere quod talia facientes, etiam si non haberent errorem fidei in intellectu, si facerent hoc precise propter aliquod pactum cum demone habitum, velud heretici punirentur, et forsitan expediret ut propter gravitatem pene homines a talibus arcerentur » (Ibid., f° 79, col. 1 et 2).

[2] Les partisans de Matteo empêchèrent la chose: « et per consequentes impediri volentes ne funus dicti Mattei heretici ignibus merito concremandum inveniri vel apprehendi possit » (Vat. lat. 3937, p. 257, 15 mai 1323). Cf. Ibid., p. 311, 18 nov. 1323.

les choses à l'extrême. Alors que grondent l'excommunication et l'anathème contre les Visconti le légat pontifical semble ne pas répugner à des tentatives d'accommodement auxquelles s'intéresse même le roi de France [1].

Au nombre des raisons enfin qui contribuent à détourner de l'hypothèse d'une déposition simulée et de tous points mensongère, nous placerons l'attitude à tout le moins douteuse de Bartolomeo lui-même ; il paraît n'avoir dénoncé les Visconti que par crainte d'être compromis dans l'affaire. Ses tergiversations semblent accréditer, en une certaine mesure, l'ensemble de son témoignage.

Ainsi nous aurions tendance à croire que Matteo et Galeazzo Visconti se sont bien réellement rendus coupables de quelque tentative d'envoûtement contre Jean XXII, ou, tout au moins, que la déposition du clerc de Milan n'est pas à rejeter en bloc comme un document fabriqué par les ennemis des seigneurs de la ville [2].

Il n'est que prudent d'ajouter que nous sommes en cette opinion guidé bien plus par des impressions que par des preuves.

---

[1] Le 3 septembre 1320 le légat Bertrand du Pouget avait envoyé un chapelain demander à Matteo et à la commune de Milan de constituer des ambassadeurs pour traiter avec lui (Raynaldi, *Annales*, V, p. 130-2). Le 22 mai 1321 le roi de France et le comte de la Marche interviennent en faveur de Matteo (Arch. du Vatican, *Instr. miscellanea*, an. 1321, caps. XVI, n° 25ᵃ; cf. ibid., pièce n° IV; cf. Preger, *Abhandlungen*, p. 222-3. En 1322, au mois de juin, troisième ambassade de Charles de France pour faire la paix avec les Visconti (Preger, *Beiträge*, n. 69; cf. Capasso, p. 266-7). Le roi de France exposant à Jean XXII son désir de faire le voyage d'outre mer s'exprimait en ces termes: « Item, saint peres se mesire Mathius Viscontes, si enfant, si ami et li coumuns de Milan et leur aidant estoient reconcilié a la dite eglise et fussent en l'amour et vraie obeissance de la glise, si comme il le desirent moult, par ce pourroit estre pais et concorde pourchaciée par le pais et meesmement entre eus et le roi de Sezile, laquel chose feroit grant avencement et adrecement audit saint voyage » (Arch. du Vatican, *Instr. miscellanea*, an. 1322-3).

[2] Il resterait que ceux-ci aient pu fabriquer la pièce à une époque postérieure, pour ternir la mémoire des Visconti. Mais l'hypothèse que ne justifie aucunement l'écriture du document en question est peu vraisemblable et sans fondement.

En l'état actuel la culpabilité des Visconti est aussi difficile à établir que leur innocence.

Reste le second groupe des dépositions réunies contre eux et qui nous sont parvenues, non sous forme d'acte notarié, mais consignées dans un registre. Au contraire des dépositions de Bartolomeo elles forment une des bases du procès. Mais il serait également imprudent de prendre à la lettre toutes les accusations qu'elles contiennent.

Nous n'avons pas les noms de la plupart des témoins et ceux que nous connaissons sont à bon droit suspects, ce sont en général des inquisiteurs voire des valets d'inquisition [1]. De plus un grand nombre de témoins ne connaissent les faits qu'ils affirment que par ouï dire [2]. Il convient d'ailleurs de remarquer que la cour pontificale n'ajoutait pas aveuglément foi à tous les griefs jetés à la face des Visconti. Un grand nombre d'articles sont repoussés comme non prouvés, d'autres sont indiqués comme ne l'étant pas ou faiblement. A côté de racontars stupides, de conclusions tendancieuses tirées de faits sans importance [3], on trouve des détails exacts sur les luttes de Matteo et de ses fils contre le pape et ses inquisiteurs; on y rencontre des renseignements précieux et qui semblent exacts, des conversations vivantes et vraisemblables. Et ici plus encore que pour les dépositions de Bartolomeo il est délicat de distinguer le vrai du faux; il ne s'agit pas d'accepter ou de rejeter en bloc, il faut choisir et le choix est souvent impossible et toujours malaisé.

---

[1] Pièce justificative I.

[2] Pièce justificative I, f° 11, 14 v° — Le fait par exemple de déclarer sans fondements les accusations portées contre Luchino d'adorer les statues et les idoles, contre Giovanni d'invoquer les démons, donnerait plus d'importance aux nombreux témoignages certifiant que Matteo et Galeazzo ont pratiqué des superstitions de ce genre.

[3] Comme Matteo aime à rester seul près d'une fontaine on l'accuse d'invoquer un démon qui s'y trouve (Pièce justificative I).

IV.

Dante et l'affaire de l'envoûtement.

Qu'importe d'ailleurs. Il ne s'agit pas ici de condamner ou d'absoudre. Vraies ou fausses les dépositions du clerc de Milan, comme celles des autres témoins, n'en gardent pas moins tout leur intérêt ou peu s'en faut.

Sur la pratique de l'envoûtement et sur la possibilité de l'intervention de Dante en cette affaire elles fournissent de curieux aperçus.

Non seulement on y retrouve mentionné l'emploi des livres de magie, véritables manuels que l'on se passait sous le manteau et dont seuls les initiés étaient capables de déchiffrer les mystérieuses formules [1], mais on y voit une fois de plus comment, sur cette vieille croyance [2] que l'on peut avoir par l'intermédiaire de son

---

[1] *Hist. Jahrbuch*, 1897, p. 612, 614. A ce sujet, cf. Hansen, *Quellen*, p. 3, acte de 1318. Les voyelles y étaient souvent remplacés par des points: cf. Pièce justificative I, f⁰ˢ 12, 20; voir aussi P. Meyer, *Traités en vers provençaux sur l'astrologie et la géomancie* dans *Romania*, 1897, p. 251 et ss. — Il ne faut pas confondre les livres de magie dont nous parlons avec les traités historiques sur la magie très répandus aussi au XIVᵉ siècle; cf. Bibl. du Vatican, ms. Vat. lat., 2417, f⁰ 12, et Vat. lat. 4275, f⁰ 35 à 40. Pour combattre des pratiques si répandues, les docteurs en théologie composèrent des traités. Un recueil de ce genre, du début du XIVᵉ siècle, conservé à la Bibliothèque du Vatican dans le fonds Borghese n⁰ 348 renferme de nombreuses consultations sur le baptême des images: « Incipiunt dicta dictorum theologie sacre pagine super questionibus de baptizatione ymaginum et aliarum superstitionum. Et primo dicta fratris Augustini episcopi Zagabriensis ». Ce ms. est antérieur à 1369 car il est signalé dans un inventaire de cette date: Ehrle, *Historia bibliothecae pontificum romanorum*, p. 505, n. 768. Il est postérieur aux premières années du XIVᵉ siècle, car frère Augustin fut évêque de Zanabria (Agram) de 1302 à 1322.

[2] Fossey, *La magie assyrienne, (Bibl. des Hautes Etudes, Sa. relig.,* XV), Paris, 1902, p. 78 et ss. Cf. Eubel, dans *Historisches Jahrbuch*, 1897, p. 626.

image une action sur un être vivant, étaient venues se greffer la cérémonie du baptême qu'un prêtre seul pouvait administrer [1], l'invocation aux démons [2], la croyance à l'influence des astres. Tous les détails donnés à ce sujet n'ont certainement pas été inventés de toutes pièces; ils reflètent des pratiques courantes et nous renseignent sur le rite de l'envoûtement tel qu'il se pratiquait au XIVᵉ siècle en Italie et en France. Il ne différait guère ici et là, on s'en convaincra rien qu'à lire l'affaire de l'évêque de Cahors, Hugues Géraud [3], ou la déposition des clercs de Toulouse [4].

Encore que plus particulières, les indications que nous fournit sur Dante la déposition de Bartolomeo offrent un intérêt qui ne semblera pas moins vif.

Signalé pour la première fois en 1895 par Giuseppe Jorio dans la *Rivista Abruzzese* [5], puis par le professeur Passerini dans le *Giornale dantesco* [6], le passage où le nom du grand poète est prononcé a attiré l'attention des dantistes et des historiens du nord de l'Italie [7]. Les récents travaux des professeurs Zingarelli [8] et Kraus [9] sur Dante en font état. Mais les commentaires auxquels il a donné

---

[1] La bénédiction par un prêtre était un rite essentiel. Dans l'affaire d'Hugues Géraud on aurait fait rebaptiser par un chapelain les images qui l'avaient été déjà par un évêque dont on croyait le titre suspect: Albe, p. 6. — Cf. Fumi, *Eretici e ribelli* dans *Bollettino della Società Umbria*, III, 1897, p. 439-440.

[2] *Historisches Jahrbuch*, 1897, p. 614, 623.

[3] Albe. Fumi, *op. cit.*, p. 439, 440.

[4] Hansen, *Quellen*, p. 447-9.

[5] Ann. X, 1895, p. 352-8, *Una nuova notizia sulla vita di Dante*. Le passage relatif à Dante y est fort mal publié.

[6] 1896, an. IV, quad. III, p. 126-130. Le texte cité est également peu correct.

[7] Fumi, *loc. cit.*, p. 444, note 1; Grauert, dans *Historisches Jahrbuch*, XVIII, I, p. 72-76; I. della Giovanna, *Dante mago*, dans *Rivista d'Italia*, a. I, vol. II, 1898, p. 135-138; Tocco, dans l'*Archivio storico lombardo*, 1899, seric III, XXIV, p. 412 et ss.

[8] *Dante (Storia letteraria d'Italia)*, Milano, s. d., p. 327-8.

[9] *Dante, sein Leben und sein Werck*, Berlin, 1897, p. 111-4.

lieu ne laissent pas que d'être fort discordants. Alors que M. Fumi inclinerait à voir dans les paroles de Galeazzo une preuve de l'hérésie de Dante [1], Tocco n'y voit rien de pareil [2]; alors que della Giovanna en conclue que Dante est venu effectivement à Plaisance pour quelque affaire et que Galeazzo avait profité de sa présence pour tâcher de persuader Canholati, sans parler à Dante de l'affaire [3], Grauert incline à croire qu'il lui en avait parlé [4]; alors que les professeurs Kraus [5] et Passerini [6] ne doutent pas qu'il s'agisse de Dante, le professeur Zingarelli semble moins assuré sur ce point [7].

Il nous sera donc permis, sans avoir la prétention d'apporter sur ce sujet l'étude définitive que souhaitent les dantistes [8] mais que nous interdit notre incompétence [9], d'exposer brièvement les questions soulevées à cet égard par le second récit de Bartolomeo.

La première de ces questions, et qui se pose aussi bien dans l'hypothèse d'une déposition simulée que dans celle d'une déposition réelle, est celle des rapports de Dante avec Galeazzo et de la venue possible du poète à Plaisance peu après le mois de mai 1320 [10].

---

[1] *Loc. cit.*, p. 444, note 1.

[2] *Archivio storico lombardo*, 1899, série III, XXIV, p. 412-3.

[3] *Dante mago*, dans *Rivista d'Italia*, a. I, vol. II, 1898, p. 135-38.

[4] *Historisches Jahrbuch*, 1897, p. 72-6.

[5] *Op. cit.*, p. 111-2.

[6] *Op. cit.*, p. 129.

[7] *Op. cit.*, p. 328.

[8] Cf. *Rassegna critica della letteratura italiana*, a. 1, 1896, p. 160; on y exprime l'espoir « che qualche dantista residente a Roma ci dia uno studio definitivo sul prezioso e curioso documento ».

[9] Nous sommes heureux d'exprimer ici notre gratitude à M. Henry Cochin qui a bien voulu nous faire part des intéressantes remarques que lui suggérait le passage en question et qui nous a donné d'utiles indications sur la bibliographie dantesque.

[10] La conversation où Galeazzo parle de Dante aurait eu lieu peu après l'expédition à Malleo que les chroniqueurs placent au mois de mai 1320. Elle est antérieure nécessairement au 11 septembre 1320, date de la seconde déposition de Bartolomeo Canholati.

A vrai dire l'affirmation de Galeazzo qu'il a fait venir Dante auprès de lui est pour le moins suspecte, ce nom illustre ne semblant être mis en avant que pour les besoins de la cause ; mais elle suppose des relations entre les deux hommes, peut-être une entrevue récente, elle indique du moins qu'une pareille entrevue n'était pas une impossibilité [1].

Or nous savons que Dante se trouvait le 20 janvier 1320 à Vérone où il séjourna vraisemblablement, qu'il alla aussi à Mantoue [2] ; on a de plus des raisons de croire qu'il fit des voyages en d'autres cités [3], il est fort possible qu'il soit passé à Plaisance [4]. Sa venue dans cette ville s'expliquerait aisément sans qu'il soit besoin d'admettre l'hypothèse d'un appel de Galeazzo. Ami dévoué du seigneur de Vérone Cangrande della Scala, à la cour duquel il semble avoir résidé [5], et dont il a loué, en des vers bien connus, la magnificence et la générosité [6], il a pu être chargé par lui d'une

---

[1] Il est peu question des Visconti de Milan dans l'œuvre de Dante. Voir *Purg.*, VIII, 80; *Convito*, IV, ch. 20.

[2] Zingarelli, *Dante*, p. 322.

[3] M. Zingarelli admet que Dante aura eu l'occasion de visiter d'autres villes, p. 318, 329; cf. Jorio, *Rivista Abruzzese*, X, 1895, p. 357.

[4] Cf. ce qu'il dit de Plaisance et de ses habitants dans le *De Vulg. Eloquio*, I, 10, 53, dans le *Convivio*, III, 8, 38, dans la ballade *Fresca rosa novella*, v. 33.

[5] Pour croire à ce séjour à la cour de Cangrande della Scala on s'est surtout appuyé sur ces vers du Paradis (XVII, 70):

> « Lo primo tuo rifugio e il primo ostello
>   Sarà la cortesia del gran Lombardo,
>   Che in su la scala porta il santo uccello ».

Sur les rapports de Dante et de Cangrande, cf. Spangenberg, *Cangrande I della Scala*, 1892; Grion, *Cangrande amico di Dante* dans *Propugnatore*, IV. 2. p. 395, 428, et Bolognini dans *Archivio storico italiano*, 1894, ser. V, vol. XIII, p. 131-2. Au sujet de l'épître dédicatoire du Paradis adressée à Cangrande et dont l'authenticité a été contestée, cf. Zingarelli, p. 308-9; Luiso, *Per la varia fortuna di Dante nel secolo XIV*, dans *Giornale dantesco*, a. X, et *Bullettino della società dantesca italiana*, 1902, p. 273 et ss.

[6] « Le sue magnificenze conosciute » (*Par.*, XVII, 85 et ss.). — On a souvent identifié Cangrande avec le Veltro (*Inf.*, I, 101 et ss.).

mission de confiance. Si l'on songe que Milan, Mantoue et Vérone étaient les trois centres principaux d'opposition à Jean XXII, que Cangrande, élu en 1318 chef de la ligue gibeline à Soncino, avait grand intérêt en un moment où la lutte était ardente à se tenir en rapport direct avec ses partisans, et particulièrement avec les Visconti qui soutenaient le principal effort des troupes pontificales [1] et auxquels il envoyait des renforts à la même époque, on sera tenté d'admettre que Dante, venu jusqu'à Mantoue, ait poussé jusqu'à Plaisance. Il aurait servi d'intermédiaire entre les chefs du parti gibelin. Ne devait-il pas, une année plus tard [2], aller à Venise chargé d'une mission analogue ? Ainsi s'expliquerait sa présence auprès de Galeazzo, qui, profitant de la venue du poète dans la ville [3], aurait mis en avant son nom pour convaincre Bartolomeo de lui rendre le service demandé.

Les paroles prêtées à tort ou à raison à Galeazzo posent une seconde question, non moins intéressante, celle de la réputation qu'avait Dante dès la fin de sa vie [4]. Elles montrent non seulement qu'il passait pour un adversaire déclaré des guelfes et de Jean XXII qu'il a flétri avec tant de violence [5], mais encore qu'il

[1] Cf. Zingarelli, p. 323.

[2] Au mois d'août 1321, *ibid.*, p. 344-5; Scartazzini, *Dantologia*, p. 193.

[3] La question de savoir si Dante a été à Plaisance vient d'être reprise par A. Candian, dans le *Bollettino storico piacentino*, 1908, p. 249-253 (*Dante fu mai a Piacenza?*); l'auteur n'apporte rien de neuf, ni un fait, ni une hypothèse; il ne pose même pas la question dans son ampleur.

[4] Vers 1318 un grammairien de Bologne lui aurait adressé une églogue.

[5] Dante n'a pas mis Jean XXII dans son enfer, mais saint Pierre le flétrit comme mauvais pasteur et le range au nombre de ses successeurs indignes :

    « In vesta di pastor lupi rapaci
      Si veggion di quassù per tutti i paschi :
      O difesa di Dio, perchè pur giaci ?
    Del sangue nostro Caorsini e Guaschi
      S'apparecchian di bere . . .
               (Par. XXVII, 55 et ss.).

Cf. *Ibid.*, XVIII, 130 et ss., l'apostrophe véhémente :

    « Ma tu, che sol per cancellare scrivi ».

était réputé, dès avant sa mort, pour un maitre en l'art pervers de la magie.

Et l'on ne saurait s'étonner que les hommes du moyen âge aient soupçonné de connaissances surnaturelles celui qui avait pris comme guide dans son merveilleux voyage à travers le ciel et l'enfer, Virgile [1], c'est-à-dire le poète qui passait alors pour le mage prophétique des temps païens [2]; mais on ne savait point que la légende plus tard illustrée par Boccace [3] fût déjà née du vivant de l'auteur de la Divine Comédie.

Le fait vaut qu'on y insiste. On ne saurait pour le contester arguer de la fausseté de la déposition de Bartolomeo. Dans l'hypothèse en effet où celle-ci serait une machination de la cour pontificale il faudrait admettre que le nom de Dante y a été introduit à dessein pour le compromettre; ce serait une preuve éclatante que le poète était suspect à la cour pontificale et que celle-ci cherchait à lui nuire par tous les moyens.

Cette réputation un peu mystérieuse du poète dès avant sa mort, on est naturellement tenté de se demander en quelle mesure elle était fondée, en quelle mesure Dante a participé aux croyances superstitieuses et hérétiques [4] de tant d'hommes de son temps.

---

[1] « Tu duca, tu signore e tu maestro » (Inf. II, 140); cf. *Ibid.*, I, 79, 85, 113, etc.

[2] Cf. Comparetti, *Virgilio nel medio evo*, 1872, 2 vol. in 8°; Graf, *Roma nella memoria e nelle immaginazioni del medio ero*, II, p. 196 et ss., et *Saggi Danteschi, Virgilio nella comedia*, p. 135 et ss.

[3] Un jour, nous dit Boccace, une femme voyant passer dans Vérone le poète au visage mélancolique et pensif, dit, en le montrant du doigt à ses compagnes: « Voyez celui qui va dans l'enfer et en revient quand il lui plait, et en rapporte des nouvelles », etc. Ce récit célèbre a inspiré une abondante littérature. Cf. G. Papanti, *Dante secondo la tradizione e i novellatori*, 1873, p. 8.

[4] Parmi les passages de la Divine Comédie qui ont pu faire soupçonner Dante d'avoir cru, comme tant de ses contemporains, aux maléfices, à la puissance des démons, à l'influence des astres, on peut citer : Inf. XX, 121-123, XXIV, 112-4, XXXIII, 26-7. A ce sujet cf. A. Graf, *Demonologia di Dante* dans *Giornale storico*, 1887, p. 31; Blochet, *Les*

Il ne saurait être question de reprendre ici cette question jadis fort controversée et qu'on résoud volontiers aujourd'hui par le dédain pour une pareille accusation [1]. Bien évidemment la déposition de Bartolomeo ne prouve absolument rien à l'égard de Dante ; remarquons seulement qu'à l'avoir étudiée ainsi que les documents contemporains, à avoir vu se multiplier les accusations et les procès d'hérésie, à avoir surpris aussi constantes, et, semble-t-il, aussi répandues les pratiques superstitieuses, on ne peut croire que Dante Alighieri les ait ignorées [2]. Il ne resta, peut-être, pas tou-

sources orientales de la Divine Comédie, p. 173. — Il ne semble pas qu'on puisse faire grand état contre l'orthodoxie de Dante du célèbre passage où il verse des larmes sur le supplice des devins (Inf. XX); cf. d'Ovidio *Dante e la magia* dans *Nuova Antologia,* 1892, p. 194; Giovanna, *Dante mago* dans *Rivista d'Italia,* I, 2, a. 1898, p. 140-1. Au sujet du prétendu sonnet de Dante où se trouve une recette sur la pierre philosophale voir Castets, *Revue des langues romanes,* série III, t. IV, et Giovanna, *loc. cit.,* p. 143-4.

Les hérésiarques, on le sait, sont punis par Dante dans le sixième cercle de l'enfer (Inf. XI), mais le poète ne parle d'aucun hérésiarque de son temps ce qui est curieux à une époque et dans une région où les hérésies pullulaient, cf. Tocco, *Dante e l'eresia,* p. 88-9, dans *Giornale dantesco,* 1897, p. 344 et ss.; fra Dolcino est puni comme schismatique, non comme hérétique (Inf. XXVIII, v. 55 et ss.). Rappelons à ce propos que Matteo fut accusé d'avoir été le conseiller de fra Dolcino (Pièce justificative I).

[1] M. Scartazzini n'envisage même pas la possibilité que Dante fut hérétique (*Dantologia,* p. 176).

[2] Comment croire que Dante n'ait eu, comme le dit Tocco (*Dante e l'eresia,* p. 21), qu'une vague idée de l'hérésie? Elle l'entourait de toute part; à Florence les hérétiques étaient fort nombreux au XIIIe siècle (cf. textes publiés par Tocco, n°s 1 à 18, p. 33 à 58, 1276 à 1313, et Lami, *Lezioni di Antichità Toscane,* col. 555); ils remplissaient la Toscane au XIVe siècle (Arch. du Vatican, *Collectorie* 249, 250, 251: Rationes inquisitoris heretice pravitatis in Tuscia 1319-1322). Dans son propre parti, parmi ses amis, il y avait beaucoup d'hérétiques ou réputés tels, par exemple Bonconte da Montefeltro, frère de Frederigo da Montefeltro, excommunié par Jean XXII et déclaré hérétique et idolâtre: acte de 1320, 11 septembre (Mollat, *Lettres communes de Jean XXII,* III, p. 349, n° 14096); acte du 21 octobre 1321 (*ibid.,* IV, p. 158. n° 16101) acte du 22 février 1322 (*ibid.,* p. 169, n° 16190).

jours étranger aux complots ni aux accusations où elles étaient mêlées. La haine de Bertrand du Pouget, cardinal légat de Jean XXII en Lombardie [1], n'a-t-elle pas poursuivi en même temps que les Visconti l'auteur trop peu orthodoxe du traité de la *Monarchia* ? [2] n'a-t-on pas voulu brûler ses ossements comme ceux de Matteo ? [3]

V.

Importance et caractère du procès des Visconti.

Il ne faudrait pas s'exagérer l'importance des accusations dirigées contre les Visconti. Elles ne se trouvent ni au début ni au terme de leur procès; elles ne paraissent même pas avoir eu un grand retentissement.

A une époque où l'excommunication frappait tous les ennemis de l'église, où l'interdit pesait sur toutes les villes qui avaient embrassé leur cause, où sorciers, hérétiques, schimatiques pullulaient, une accusation d'envoûtement de plus ou de moins ne faisait pas grand bruit; convaincue de fausseté ou reconnue vraie elle ne tardait guère à tomber dans l'oubli. Pour frapper l'imagination populaire il fallait que ces mystérieux complots eussent coûté la vie à leurs auteurs ou qu'ils fussent suivis de la mort de ceux contre qui ils étaient dirigés.

Aussi bien en l'affaire des Visconti ce qui passionnait toute l'Italie septentrionale à cette époque, ce n'étaient point les armes employées par les adversaires en présence, c'était l'issue même de la

---

[1] Il est mentionné parmi les auditeurs de la première déposition de Bartolomeo Canholati.

[2] On fit, on le sait, plusieurs réfutations de ce traité. Cf. Kraus, *Dante*, p. 281.

[3] *Vita di Dante* da G. Boccaccio, éd. Fr. Macri-Leone, p. 73; cf. Kraus, p. 112, 281; *Rivista Abruzzese*, X, 1895, p. 357-8; Passerini, *Giornale dantesco*, 1896, p. 129-130.

lutte qu'ils se livraient et qui devait se prolonger encore de nombreuses années.

L'excommunication prononcée contre Matteo Cane della Scala de Vérone, et Passerini de Mantoue, le 27 juin 1320 [1], publiée et notifiée peu après [2], fut suivie en effet de beaucoup d'autres [3]. Le 23 janvier 1322 Jean XXII mandait à Bertrand du Pouget, son légat en Lombardie, d'étendre aux partisans de Matteo les procès dirigés contre lui [4]; le 10 février il lui disait d'exciter à le combattre seigneurs et villes [5]; le 23 il ordonnait, sous peine d'excommunication, à tous ceux qui seraient en état de le faire, de dénoncer dans les quinze jours les fauteurs des Visconti [6]. Et

---

[1] Riezler, *Vatikanische Akten*, p. 107, nᵒˢ 197, 198, 199. — On leur délivra le 5 juillet des sauf-conduits pour comparaître devant la cour pontificale (*ibid.*, p. 108). Cf. la bulle de Jean XXII du 8 juillet 1320 à Bertrand du Pouget pour relâcher l'interdit mis sur les terres de Lombardie en faveur de ceux qui se soustrairaient à l'obédience de Matteo (*ibid.*, p. 108, n. 201).

[2] Arch. du Vatican, *Instr. miscellanea*, an. 1320, nᵒ 5 (3 septembre), nᵒˢ 8 et 9 (15 septembre), nᵒ 10 (17 septembre), nᵒ 11 (20 septembre), nᵒ 12 (23 septembre), nᵒ 14 (9 octobre), nᵒˢ 17 et 17ᵃ (26 octobre), nᵒ 20 (7 novembre). Cf. Mollat, *Lettres communes de Jean XXII*, III, p. 176, nᵒ 12287, p. 178, nᵒ 12296, p. 372, nᵒˢ 14333 à 14336.

[3] Le 18 novembre Matteo est cité personnellement à comparaître dans les trois mois devant le Saint Siège (*ibid.*, p. 357-8, nᵒ 14195; Riezler, p. 115), ainsi que plusieurs de ses partisans (Arch. du Vatican, *Instr. miscellanea*, an. 1320, nᵒ 20, actes des 13 et 14 décembre, cf. Mollat, *op. cit.*, III, p. 379, nᵒ 14398); il est excommunié le 19 février 1321 d'après Giuliani (*Continuazione delle memorie di Milano*, X, p. 547-552). Il est de nouveau cité à plusieurs reprises (Frati, *Archivio storico lombardo*, 1888, p. 249 et ss), notamment le 13 janvier 1322 (Bibl. du Vatican, ms. Vat. lat. 3937, p. XXVII-XXX). Le 14 mars 1322 l'archevêque de Milan, Aicardo, prononçait contre Matteo une excommunication solennelle qui était publiée le 30 mars par le légat Bertrand du Pouget. Cette bulle a été publiée par Ughelli, *Italia sacra*, IV, col. 102. L'original se trouve aux Arch. du Vatican, *Instr. miscellanea*, an. 1322, nᵒ 8. Il en existe une copie à la Bibliothèque du Vatican, ms. Vat. lat. 3937, fᵒ 1.

[4] Preger, *Abhandlungen*, p. 231-2, nᵒ 86.

[5] *Ibid.*, p. 233, nᵒ 89.

[6] *Archivio storico lombardo*, 1888, p. 245.

l'Eglise qui avait usé contre Matteo les armes spirituelles et temporelles eut aussi recours à la diplomatie et chercha partout des alliés contre lui. Le 4 juin 1322 Jean XXII remerciait Henri de Flandre qui consentait à combattre Matteo [1]; le 26 du même mois il louait Charles de France pour son ardeur à la croisade et l'engageait à tourner son zèle contre l'adversaire de la papauté: « Lève-toi, s'écriait-il, lève-toi pour secourir l'église de Christ! [2] »

Ainsi étendue la lutte ne devait pas cesser avec la mort de Matteo survenue à cette époque [3], elle continua contre Galeazzo [4], qui, chassé de Milan par ses adversaires le 8 novembre, y rentra un mois après et se fit acclamer le 28 ou le 29 décembre comme seigneur et protecteur du peuple [5]. Elle se poursuivit longtemps encore contre les autres fils de Matteo, Marco, Luchino Stefano [6], excommuniés à leur tour le 8 avril 1323 [7].

---

[1] Preger, *Abhandlungen*, n° 105, p. 242.

[2] « Exurge itaque... in adjutorium ecclesie Christi; exurge et dicti heretici suorumque defensorum et receptatorum ausus improbos comprime superbasque eorum cervices jugo rectitudinis preme » (*Ibid.*, n° 108, p. 243-4).

[3] *Annales Mediolanenses* (dans Muratori, *Rer. Ital. SS.*, XVI, col. 700).

[4] Le 13 novembre 1322 Jean XXII mandait à Bertrand du Pouget de procéder contre Galeazzo (Riezler, *Vatikanische Akten*, p. 161-2, n° 316; cf. Preger, *Abhandlungen*, p. 254-5, n° 312) qui fut condamné par l'archevêque de Milan, Aicardo, le 12 mars 1323 (Arch. du Vatican, *Instr. miscellanea*, a. 1323, n° 5).

[5] Villani, IX, 156, 181-2, 184; cf. Corio, *Storia di Milano*, II, p. 46; Romano, p. 24.

[6] « Cum autem postquam idem Matheus in obstinata pravitate deficiens infelicissime mortis persolvit occasum dicti Galeacius, Marchus, Luchinus, Johannes et Stephanus, heretici manifesti.... velut domus exasperans adversus Deum et romanam ecclesiam et orthodoxam fidem semper dampnabilius et contumacius intumescant ». (Arch. du Vatican, *Instr. miscellanea*, a. 1324, n° 12). Lettres de Jean XXII à l'archevêque de Cologne des 23 et 28 mars 1324 contre les fils de Matteo et leurs partisans condamnés pour hérésie (*ibid.*, n°ˢ 12ᵃ et 13). Cf. acte du 27 avril 1324 (Riezler, p. 176-7, n°ˢ 360, 361) et acte de mai ou juin (*ibid.*, p. 177, n° 364).

[7] Bibl. du Vatican, ms. Vat. lat. 3937, p. 102; cf. p. 91, etc. — La paix ne fut faite qu'en 1329 (Arch. du Vatican, armar. XXXIV, vol. 2) etc.

La raison d'être de tant de luttes, de tant d'excommunications, de tant de procès, ce n'était pas la tentative réelle ou imaginaire des Visconti pour envoûter Jean XXII, ce n'était pas non plus leur hérésie. La question qui se posait alors était de savoir si les seigneuries du nord de l'Italie parviendraient à se donner un prince héréditaire et national [1], ou si, au contraire, la papauté réussirait à fonder un puissant état dans cette région.

Avant d'être un procès d'hérésie le procès de Matteo est un procès politique : c'est le procès du pouvoir temporel contre les seigneuries italiennes. Les contemporains ne s'y trompèrent pas [2] : presque toutes les cités lombardes se rangèrent au parti des Visconti [3].

Aussi bien, en insistant comme nous l'avons fait sur les accusations dirigées contre eux n'avons nous fait qu'étudier un des aspects de leur longue lutte contre Jean XXII.

Mais si nous sommes loin d'avoir épuisé les questions qu'elle peut soulever, du moins les textes que nous étudions ne sembleront-ils pas indifférents à qui s'intéresse à l'histoire des mœurs. Ils ne jettent que des lueurs incertaines sur la figure de Dante Alighieri ; il en répandent de plus vives sur celle des principaux acteurs de ce long procès. Ils nous montrent les Visconti capables, à ce qu'il semble, d'avoir en recours contre le pape aux pires sortilèges, à tout le moins entachés d'hérésie, de mœurs très libres,

---

[1] Dans son rapport fait au pape en 1317 sur l'état de la Lombardie, rapport qui atteste un sens politique remarquable, Bernard Gui se fait l'écho du sentiment publique. Il n'y aura la paix en Lombardie, dit-il, que lorsque les habitants auront « regem unum proprium et naturalem dominum, qui non sit barbare nationis, et regnum ejus continet naturalis posteritas successiva » (Riezler, p. 37).

[2] Le rédacteur des *Annales Mediolanenses* se demande si la guerre du pape contre Milan est juste et il déclare que non « quia papa non debet intromittere se de guerris sed tantum de rebus spiritualibus » (Muratori, *SS.*, XVI, col. 697).

[3] Cf. Bibl. du Vatican, ms. Vat. lat. 3937, *passim*.

d'idées très larges; et l'on évoque volontiers ces hommes résolus à tout pour consolider leur maison chancelante, ces seigneurs patients, jamais découragés, dont on pouvait tout craindre et contre qui on osa tout dire, avec le masque énigmatique et rude, avec la fière silhouette de conquérant dont la statue équestre de Bernabò, un des proches descendants de Matteo, nous conserve, à Milan, au musée du Castello, le vivant souvenir [1].

Et c'est la physionomie de toute une époque qui revit avec eux dans leur procès, celle de toute une société à ce point hantée par la terreur des maléfices que ni les adversaires de Jean XXII ni ce pape lui-même n'ont pu échapper au reproche de s'en être servis et qu'il a paru vraisemblable à des contemporains de Dante d'en soupçonner le grand poète.

Robert Michel.

------

[1] Cette statue érigée du vivant de Bernabò se trouvait jadis dans l'église de San Giovanni in Conca. Des deux côtés de Bernabò, rigide dans son armure, la lance ou l'épée au poing, marchent deux figures de femmes: l'une à droite porte la balance, c'est la justice, l'autre, les yeux au ciel, appuie sa main sur la tête d'un lion, c'est la force. De cette belle statue on rapproche naturellement celle de Cangrande I della Scala, l'allié de Matteo Visconti, qui s'élève au dessus de la porte de S. Maria Antica à Vérone.

PIÈCES JUSTIFICATIVES

I.

Vers 1322 [1].

Extrait des dépositions recueillies contre Galeazzo, Marcho, Luchino, Stefano et Matteo Visconti.

(Bibliothèque du Vatican, ms. Vat. lat. 3936).

Contra Galeazeum.

I. — [2] *Quod credit et dicit fornicationem et actus impudicos non esse pecatum.*

Deponit [3] quod audivit a juvenibus qui conversabantur cum Galeazeo quod dictus Galcazeus dicebat quod jacere cum mulieribus non est pecatum et quod ex hoc multi inciderunt in illud pecatum.

Deponit quod frequenter et publice coram multis, sed non recordatur coram quibus, erat sermo quid esset pecatum et non pecatum et audivit ipse testis dictum Galeazeum dicentem et affirmantem fornicationem et omnes actus impudicos naturales, quocumque modo fiant, non esse pecatum; et ipse testis redarguebat eum volens reducere eum ad veritatem et predictus Galeazeus addebat deteriora prioribus dicens: « Creditis vos predicatores que predicatis et di-

---

[1] Plusieurs des dépositions sont indiquées comme ayant été faites trois ans environ après l'entrevue de Soncino, or celle-ci eut lieu le 16 décembre 1318.

[2] Les chiffres romains indiquent les différents articles de l'accusation.

[3] Les dépositions sont indiquées sous des numéros; comme nous ne possédons pas la liste des témoins, nous avons cru inutile de reproduire ces numéros. Chaque paragraphe correspond à une déposition.

citis de penis inferni quod hoc sit verum quanquam anuncietis quod Christus et apostoli hoc predicaverunt. Certe hoc non est verum sed solum dicitur ad terrendum gentes et personas ».

Deponit quod audivit a multis qui audiverunt a dicto Galeazeo vera esse que in articulo continentur, et deponit ipse testis se audivisse a dicto Galeazeo quod abstinentia religiosorum nichil valet coram Deo quia res temporales facte sunt ut gentes utantur eis.

Deponit quod semel reprehendebat dictum Galeazeum de vago et inordinato discursu quem faciebat per civitatem videndo mulieres, qui Galeazeus respondit : « Quale pecatum et quale malum est istud ».

II. — *Quod per plures annos prohibuit ne inquisitor Placentie faceret officiales ad hereticos capiendos in Placentia et sic impedivit officium inquisitionis.*

Deponit quod ipse qui loquitur existens prior Placentie et vicarius inquisitionis perdidit tres hereticos quia dictus Galeazeus prohibuit duobus annis ne fierent officiales, et ex defectu officialium perditi sunt infrascripti heretici, videlicet Bonus homo de **Mangia**nacha de Martinengo, hereticus, Margarita de Gatinaria, et **ejus filia**, heretice...

[f^v 1 v°] Deponit quod Galeazeus in Placentia [1] non permisit officiales inquisitoris gaudere privilegiis et gratiis consuetis, scilicet portationis armorum et exemptione ab exercitu, nec permisit inquisitorem eligere officiales secundum quod videbatur ipsi inquisitori. Que omnia ipse testis audivit a fratre Benedicto, testi, inquisitore. Item, deponit quod predictus inquisitor Placentie in principio Quadragesime proximo preterite formavit sententiam excomunicationis contra omnes et singulos qui scirent aliquos hereticos, nisi infra certum tempus revelarent sibi. Item, precepit omnibus religiosis habentibus officium predicationis quod in suis predicationibus pu-

[1] Plaisance, Émilie.

blice promulgarent auctoritatem domini nostri Ihesu Christi residere apud dominum nostrum summum pontificem tanquam ejus verum vicarium generalem, et dictus Galeazeus prohibuit et impedivit ne dicta sententia et dictum preceptum publicarentur et compulit verbis suis rogatoriis, et quodam modo cominatoriis, supersedere et revocare dictam sententiam et preceptum, isto teste presente et audiente...

[f° 2] Deponit quod inquisitor mandaverat sibi et multis aliis religiosis quod predicarent quo modo excomunicabat omnem hominem dicentem et dogmatizantem quod dominus papa non erat verus papa et hoc mandaverat inquisitor predicari quia multi civitatis Placentie dicebant dominum papam non esse verum papam. Hoc audiens dominus Galeazeus fecit vocari per vicarium suum ipsum qui loquitur et comminatus est ei quod si hoc predicaret vita posset sibi esse modicum cara, et sic fecit omnibus aliis quibus impositum erat per inquisitorem quod hoc deberent predicare, et hoc audivit ipse testis a predictis predicatoribus. Item, deponit quod semel ipse testis predicaverat in quadam missa nova et predicando dixit de auctoritate pape; et ipse post aliquos dies ivit pro quadam pia causa ad dictum Galeazeum et ipse, sic male sentiens de auctoritate pape, ut credit ipse qui loquitur, non potuit continere spiritum suum sed in turbatione dixit ei : « Dimittatis papam et non predicetis de eo quia non est papa nec potest esse papa », et adjecit dictus Galeazeus : « Utinam tenerem eum qui dicit se legatum, quia, per corpus Dei! submergerem eum in Pado quia non est legatus et ille qui misit eum non est papa ». Et hec omnia audivit ipse testis a dicto Galeazeo, modo sunt duo anni vel circa.

[f° 3] III. — *Quod expulit episcopum Placentinum de Placentia et alios prelatos.*

Deponit quod notorium est quod expulit episcopum Placentinum, abbatem Sancti Sepulcri, prepositum majoris ecclesie, prepositum Sancte Euphemie, prepositum Sancti Johanis, de domo, et multos alios . . . . . .

[f° 3 v°] IV. — *Quod occupat et possidet bona et jura epis-*
copatus Placentini.

[f° 4] ... Deponit quod ille qui positus erat ad colligendum
bona pertinentia ad dictum episcopum positus erat per Galeazeum
et privaverat dominum Gerardum de Pecoraria, vicedominum, quod
non colligeret bona episcopatus cum tamen ad eum pertineret ...

[f° 4 v°] V. — *Quod imposuit tallias et collectas clericis et*
religiosis et piis locis et exigit ab eisdem.

Deponit quod verum et notorium est quod dictus Galeazeus imposuit et imponit in Placentia talleas et collectas clericis, religiosis
et monasteriis, et exigit violenter inferendo multa gravamina et
per modum illum per quem exigit pater suus talleas in Mediol-
lano ...

[f° 5 v°] VI. — *Quod detinuit et carceravit clericos et reli-*
giosos et prelatos.

... Deponit quod M°. CCC. XXI., in (f)festo Ascensionis, iste
testis veniens de Bononia [1] et portans literas episcopi Ferra-
riensis [2] domino legato fuit captus per officiales dicti Galeazei
[f°6] et fuit positus in carcere, sublatis literis quas portabat, et fuit
positus ad tormentum et fuit detentus in ipso carcere VII mensibus.
Item, deponit idem testis quod in eodem carcere erat condam sa-
cerdos de plebe, dyocesis Cremonensis [3], qui stetit in ipso carcere
septimanis V spoliatus vestibus suis. Item, deponit idem testis quod
detinebat in carcere quemdam monachum de Crema et adhuc detinet ...

[f° 6 v°] VII. — *Quod traxit moniales de monasteriis et abu-*
sus est eis.

[f° 7] ... Deponit quod mollendinarii qui stabant in molen-
dinis Sancti Savini dicebant quod dictus Galeazeus fecerat fieri

---

[1] Bologne, Emilie.
[2] Ferrare.
[3] Crémone, Lombardie.

unum pontem super aquam quamdam ut posset transire ad mona-sterium de Plectoll. ad unam monialem qua abutebatur . . .

VIII. — *Quod fecit spoliari domos religiosorum Placentie per ministros suos.*

. . . Deponit vera esse et notoria . . .

[f° 7 v°] IX. — *Quod prohibuit fieri capitula religiosorum in Placentia.*

. . . Deponit vera esse que in articulo continentur.

X. — *Quod fecit violari interdictum in Placentia et cantari divina officia.*

[f° 8] . . . Deponit quod de mandato Galeazei dictum fuit ipsi testi: « Nisi cantaveritis proiciemus vos in Padum », et hoc fuit dictum multis aliis clericis et religiosis . . .

XI. *Quod expulit de Placentia plures religiosos et personas ecclesiasticas.*

. . . Deponit verum esse de multis religiosis . . .

[f° 8 v°] XII. — *Quod multas personas ecclesiasticas exposuit tormentis.*

[f° 9] . . . Deponunt verum esse quod in articulo continetur et dicunt quod verum est quod domnus Bosius [monachus Sancti Sa-vini] et multi alii . . . fuerunt per Galeazeum expositi tormentis . . .

XIII. — *Quod impedit et impediri facit in terris quas occu-pat ne pecunia decime imposite pro succursu Terre Sancte deffe-ratur ad cameram domini pape.*

. . . Deponit quod audivit ab illis qui habebant colligere de-cimas quod Galeazeus dicebat eis: « Si aliquid dabitis domino pape ego accipia[m] a vobis duplum » . . .

XIV. — *Quod impedivit ne procurationes debite domino legato ad eum deferentur.*

[f° 9 v°] . . . Deponunt vera et notoria esse . . .

XV. — *Quod impedit ne pecunia necessaria pro expensis pre-latorum commorantium in curia domini legati deferentur ad eos.*

. . . Deponunt vera et notoria . . .

XVI. — *Quod impedit volentes ire ad romanam curiam et portantes literas domini pape.*

[f° 10] ... Deponit quod audivit a Galeazeo quod ipse dixit duobus nunciis volentibus ire vel redeuntibus de curia romana: « Si unquam redieritis Placentiam faciam vos excorriari » ...

XVII. — *Quod impedit ne litere domini pape et domini legati portentur ad terras quas occupat.*

... Deponit quod comminabatur omnibus portantibus literas quod prohiceret eos in Padum ...

XVIII. — *Quod fecit occidi sacerdotes.*

[f° 11] ... Deponit quod Galeazeus fecit suspendi per gulam Ottonem de Maltonsis, canonicum plebis Duliarie, et vidit ipse testis predictum canonicum ad fulchas et fratrem Bertholinum, monacum Sancti Sixti, quem vidit trahi per civitatem, et postea fuit suspensus, et Francischinum de Vicedominis quem vidit dictus testis decapitari super plateam. Item, de presbitero sancti Nicolai et de multis aliis clericis et religiosis est publica vox et fama ...

XIX. *Quod de qualibet persona seculari et ecclesiastica exigit omni mense certam pecunie quantitatem ...*   B

[f° 11 v°] **XX.** — *Quod fuit de secta Manfrede, heretice, et socius condemnatorum per inquisitores.*

... Deponit quod audivit a quodam fratre Pezolo, converso ordinis Heremitarum, qui fuerat hostiarius dicte heretice, quod Galeazeus frequenter ibat cum aliis ad domum dicte Manfrede, qui damnati fuerunt propter illum errorem, ipso fratre Pezolo, hostiario, vidente.

Quidam alius deponit se audivisse quando detectus fuit error predictus dicte Manfrede quod Galeazeus fuisset cruce signatus nisi quia Matheus pater ejus fecit eum ire ad pedes inquisitoris cum corrigia ad collum, ut parceretur ei.

XXI. — *Quod fecit per clericos et religiosos publicari in Placentia quod sententie late contra eum non sunt timende.*

[f° 12] ... Deponit publicum et notorium esse quod Galeazeus, cum quodam qui dicitur Albricus de Ecclesia, et quodam alio qui dicitur magister Leonardus, physicus, et cum quadam muliere que moratur in contrata de templo, de Placentia, frequenter exercet malas artes et invocat demones et ponit corpus Christi in sartagine cum aqua calida ut dyabolus eum teneat in dominio.

Deponit quod audivit a Galeazeo quod papa non est papa et sententie sue non sunt timende.

Deponit quod audivit a Galeazeo quod dominus Johanes non erat papa quia non stabat in sede sua, et faciemus alium papam.

XXII. — *Quod colit statuas et consulit ydola.*

Deponit quod vidit quod Galeazeus receptabat et recipiebat omnes advenientes ad civitatem Placentie quos sciebat nigromanticos vel qui libenter se intromittebant de sculpturis et ymaginibus, quibus mediantibus demones invocabant; et vidit multas scripturas apud familiares dicti Galeazei que locuntur de invocationibus demonum.

Deponit et dicit quod audivit dici quod consulit demones et s,atuas et addit ipse testis quod magister Leonardus multa ordinabat dicto Galeazeo de pertinentibus ad invocationem.

Deponit quod audivit quod tenebat secum unum nigromanticum quem vidit in curia sua, cum quo consulebatur Galeazeus.

Deponit quod audivit a Facio Ferrario, de Mediolano, quod Galeazeus faciebat invocationes et quod apparebant mali spiritus a quibus requirebat cons(c)ilium de agendis.

... Deponit quod audivit quod magister Leonardus de Salexeto faciebat eum Galeazeum adorare ydola, et, quando audiebat dictus Galeazeus nova prosperitatis, accipiebat statuam unam de cera et ponebat eam in una vegete et postea in platea comunitatis comburi faciebat ymaginem cum vegete.

XXIII. — *Quod habuit progenitores et cognatos et agnatos infamatos de heresi.*

Deponit verum esse de patre et audivit de multis aliis ...

[f° 12 v°]   CONTRA MARCUM.

Quod detinuit, incarceravit et torsit clericos et religiosos et sacerdotes...

Deponit verum esse quod per vicarium suum Faxolum detinuit et torsit presbiterum de Paderna, dyocesis Terdonensis [1], modo sunt duo anni et plus...

Quod plures religiosos expulit violenter de terris quas occupat et clericos.

Deponit quod verum est quod expulit de Terdona presbiterum Michaclem, Sancti Silvestri, item, prepositum Sancti Marchi de Terdona; item, manu armata expulit canonicos ecclesie majoris...

[f° 13] *Inebriavit sacerdotem et coegit eum facere opera redundantia in contemptu ecclesie et ministrorum ejus.*

Deponit quod coegit unum sacerdotem cognoscere unam mulierem turpiter...

Quod per vicarium suum in Terdona prohibuit sub magna pena ne quis daret panem nec elemosinam religiosis paupertatis quia servabant interdictum.

Deponit quod vera sunt que in articulo continentur et amplius...

Quod violavit interdictum inmiscendo se divinis et faciendo sepelliri corpora laycorum in cimiteriis ecclesiarum, invitis ministris earum.

Deponit quod Faxolus, vicarius Marci, fecit dirui portam cimiterii Sancte Marie de Cavall. et scpelliri corpora mortuorum...

[f° 13 v°] *Quod impedit et impediri facit ne pecunia decime imposite pro succursu Terre Sancte defferatur ad dominum papam.*

Deponit quod dum ipse testis haberet peccuniam decime collectam et impositam per dominum Clementem et vellet eam consignare ubi debebat, dictus Marcus prohibuit mercatoribus ne peccunia ipsa daretur ipsi testi qui eam deposuerat apud eos...

____
[1] Tortona, Piémont, prov. d'Alessandria.

Quod impedit ne procurationes debite domino legato ad eum def-ferantur...

Quod impedit volentes ire ad curiam romanam et portantes lite-ras domino pape...

Quod impedit ne litere domini pape et domini legati portentur ad terras quas occupat...

Quod impedit inquisitores ne exerceant officium suum in terris quas occupat.

... Deponit quod Marcus venit de Terdona cum Gerardo Spinola et magno exercitu equitum et ballisteriorum contra Bergolium quando dictus archiepiscopus et inquisitores erant ibi, in die assignata pro termino Matheo, patri suo, heretico; et dicebatur comuniter in via qua simul veniebant quod dictus exercitus ibat expugnare Bergolium...

[f° 14] *Quod habuit projenitores, cognatos et agnatos suspectos de heresi.*

Iste articulus probatur per sententiam patris et per probationes adductas contra predictum patrem suum.

Quod combussit statuas representantes papam, legatum et episcopum Vercellensem [1].

Deponunt esse vera que in articulo continentur.

De Franc. de Mall., (sextus articulus) de expensis prelatorum, (decimus septimus) de fornicatione, (decimus octavus) de occupatione bonorum ecclesie Terdonensis, (decimus octavus) non probantur.

CONTRA LUCHINUM.

Quod expulit de terris quas occupat administratorem ecclesie Papiensis [2] *et possidet jura, castra et bona dicte ecclesie Papiensis...*

Quod archidyaconum ecclesie Papiensis fecit expoliari in domo ecclesie, modo sunt anni tres et plus...

---

[1] Verceil, Piémont, prov. de Novare.
[2] Pavie.

Quod priorem Cremensem [1] *ordinis Predicatorum, cum socio capi fecit et compeditos incarceravit et in castro Setezani tenuit in uno compede multis diebus, modo sunt tres anni vel circa, et pluribus aliis personis ecclesiasticis gravamina consimilia intulit...*

Quod fratrem Barnabam, inquisitorem, expulit de Papia, modo sunt tres anni...

Deponit quod uxor Luchini, flexis genibus, rogavit virum suum quod non expelleretur frater Barnabas inquisitor de Papia ubi dominabatur dictus Luchinus, et tamen fuit expulsus...

[f° 14 v°] *Quod in terris quas occupat impedit ne officium inquisitionis libere fiat et ne inquisitores libere possint discurrere pro officio exercendo...*

Quod habuit projenitores, agnatos et cognatos infamatos de heresi...

Nonus articulus de violatione interdicti, X^{us} de decimis XI^{us} de procurationibus, XII^{us} de expensis prelatorum, XIII^{us} de curia romana et XIIII de literis domini pape et domini legati non probantur, nisi per vocem et famam et de auditu et debiliter.

Secundus articulus de statuis et ydolis nullo modo probatur.

Contra Stephanum.

Quod cepit et incarceravit episcopum Vercellensem...

Quod cepit et in carcere detinet plures canonicos Vercellensis ecclesie, de quibus aliqui mortui sunt in carcere...

[f° 15] *Quod capi fecit inquisitorem hereticorum et spoliari euntem pro suo officio ad conferendum cum inquisitoribus.*

... Deponit quod ibat cum fratre Johane de Fontana, tunc inquisitore, et ministri Stephani, potestatis Novarie, secuti sunt eos et interrogaverunt: « Quis ex vobis est frater Johanes de Fontana », et responsum fuit: « Ille est qui precedit nos qui est inquisitor

---

[1] Crema, Lombardie, prov. de Crémone.

hereticorum », et dicti ministri statim ceperunt dictum inquisitorem et abstulerunt sibi literas et scripturas quas portabat, et exploraverunt vestes et calceos dicti inquisitoris...

Quod detinet in carcere abbatem sancti Stephani et aliquos in ordine sacerdocii constitutos et prelatos...

Quod violavit interdictum faciendo sepelliri corpora laycorum in cimiteriis ecclesiarum, ministris earum repugnantibus...

Quod violavit interdictum et sententias quibus inodatus est et in Natali Domini proximo preterito audivit cantari missam publice et solenniter Vercellis.

... Deponit quod Stephanus voluit interesse misse in domo predicatorum et idem repulsus a priore ivit ad domum fratrum minorum et ibi fuit receptus et audivit missam; et hec audivit ipse testis a dicto priore Vercellensis.

[f° 15 v°] Octavus de decimis, nonus de procurationibus, decimus de expen(s)sis prelatorum non probantur quia nullus deponit nisi de auditu.

Quod impedit volentes ire ad curiam romanam et portantes literas domini pape...

Quod impedit ne litere domini pape et domini legati portentur ad terras quas occupat...

De talleis et collectis non probatur sed aliqui deponunt solum de auditu.

Quod habuit projenitores, cognatos et agnatos suspectos de heresi.

Iste articulus probatur per sententias patris et per probationes adductas contra predictum patrem suum.

Contra Johanem.

Quod promovit et intrusit indignos in monasteriis et ecclesiis...
Quod impedit ne litere domini pape et domini legati portentur Mediollanum...
Quod consulit demones : non probatur.

Quod habuit progenitores, cognatos et agnatos suspectos de heresi.

Iste articulus probatur per sententias patris et per probationes adductas contra predictum patrem suum.

[f° 17]   [CONTRA MATHEUM]

Quod per vicarium suum, Scotum, violenter de Mediolano IIII or *inquisitores hereticorum expulit vocatos auctoritate domini pape et congregatos pro arduis negociis officii inquisitionis.*

... jam sunt tres anni vel paulo plus ...

[f° 17 v°] *Quod impedivit officium inquisitionis.*

Deponit quod scit Matheum multum graviter turbatum contra inquisitorem Papiensem qui Franciscum de Paterna condempnaverat in Papia. De quo Francisco multa mala audivit que comisit contra inquisitores et eorum officium in diversis suis officiis ...

... Deponit quod si non fuisset dimissum quando procedebatur contra Manfredam et heresim suam propter timorem Mathei qui dominabatur tunc Mediolani, multa fuissent tunc dicta et inventa contra fidem que non fuerunt revelata quia illi qui scierant timore ipsius Mathei non fuerunt ausi revelare ...

[Johannotus Parisiensis et Robinus Attrebatensis, jurati, deponunt] [1] quod presentes erant et venerunt de Terdona Alexandriam cum exercitu Gerardi de Spinellis et Marci Vicecomitis, et erant ibi ducenti balistarii cum quibus isti testes venerant de burgis januensibus et dicebantur habere stipendia ab ipso Matheo; et deponunt quod dictus exercitus in die jovis XXV februarii [2] venit super Bergolium ubi erant dominus archiepiscopus Mediolani et inquisitores, et transierunt ipsi testes Tanagri cum parte dicti exercitus versus Bergolium et veniebant ad expugnandum Bergolium.

---

[1] Ces noms se trouvent au f° 24 v° où se trouve répétée la même déposition.

[2] « In die termini assignati Matheo » (f° 24 v°).

De isto insultu facto illa die contra inquisitores multi deponunt presentes.

... Deponit quod audivit quod Matheus rogavit pro quibusdam infamatis de heresi tempore processuum contra Manfredam hereticam combustam ...

... Deponit quod Matheus tunc dominus Mediolani rogavit pro quodam Guidone Stanpherio, qui erat acusatus et suspectus de heresi Manfrede vel Guillelme, et suis precibus liberavit eum.

[f° 19] *De resurrectione et providencia divina, videlicet quod non credit carnis resurrexionem nec divinam providenciam circa actus humanos.*

. Deponit quod audivit ab ipso Matheo quod quando homo moritur anima ejus vadit quo ire debet et nunquam resurgit corpus ejus ad judicium. Et de fama super hoc.

Audivit quemdam doctorem utriusque juris qui fuerat vicarius, conciliarius, et intimus dicti Mathei, defferentem eundem Matheum coram duobus inquisitoribus heretice pravitatis et generali magistro predicatorum, et asserentem ipsum Matheum hereticum quia negabat providenciam divinam circa humanos actus et quod non erat infernus nec paradisus et quod nichil remanebat de homine post hanc vitam, et quod sepe idem doctor cum dicto Matheo de predictis contulerat et increpaverat cum volens a dictis erroribus revocare, nec potuit ...

[f° 20] *Item, quod invocat et invocari facit demones et querit ab eis responsa et concilia de agendis.*

... Deponit se vidisse plures scripturas que fuerunt invente in camera dicti Mathei, quando perdidit dominium quod habuit alia vice, cum caracteribus de invocationibus demonum; et credit quod eis uteretur idem Matheus pro victoriis obtinendis, et de fama.

... Audivit a quodam fide digno quem nominat quod ipse erat certus quod idem Matheus habet duos demones, unum in uno fonte et alium in uno foramine; et consulit eos super agendis frequenter et quod dictus Matheus aliquando locutus fuerat de hoc cum illo a quo audivit.

Dicit se audivisse sepe quod dictus Matheus invocat demones tam ad dictum fontem quam in heremitario Sancti Caloceri Mediolani cum heremita illius loci.

Item, de fama contentorum in ipso articulo deponunt plus quam XX^{ti} testes, quorum major pars nominant illum fontem Orisium.

Deponit quod ipse semel fuit presens quando dictus Matheus accedens ad fontem repellebat omnes circumstantes et remanebat ad fontem solus; de quo ceteri murmurantes dicebant quod demones invocabat.

[f° 20 v°] *Item, quod habuit colligacionem cum Dulcino, heresiarcha dampnato et combusto; super quo sunt duo articuli, scilicet de Dulcino et alius de Dulcinistis.*

Deponit se scire quod dictus Matheus fuit in castro Martinengi cum Dulcino, heretico, et credit quod fuit loqutus ei idem et audivit per famam quod ex condicto et ordinatione et inductione dicti Mathei predictus hereticus Dulcinus congregavit exercitum super montem.

Deponit quod ipse audivit a dicto Dulcino quando tenebatur captus per inquisitores et a Margarita heretica, ejus sequace que fuit combusta, quod ipse Dulcinus erat amicus et socius Mathei predicti et credit quod quicquid faciebat idem hereticus faciebat ad postulacionem dicti Mathei...

Item, quod erat in sacris antequam acciperet uxorem probatur de fama et auditu dici per plures testes.

Item, quod multo crucesignatos in subcidium Terre Sancte, plusquam CCC^{tos} congregatos sub rexillo ecclesie in domo fratrum minorum Mediolani ad audiendam predicationem de cruce, missis satellitibus, hostiliter fugarit, detinuit et multipliciter graravit.

... Deponit quod tempore alterius dominii Mathei, existens in domo Humiliatorum fratris Otacii, audivit magnum rumorem hominum et mulierum existencium in domo minorum, clamancium et dicencium : « Moriatur, moriatur dominus Matheus Vicecomes qui vult impedire crosatam ».

Deponit vera esse que in articulo continentur et quod erat presens ; et ex hoc fuit tanta indignatio populi orta contra dictum Matheum quod rumore et tumultu voluerunt currere ad domum suam sed magna pluvia supervenit que impedivit . . .

[f° 21] *Item, quod auctoritate sua dissolvit matrimonium filie sue que, ipso presente, contraxerat cum Richardino de Langusco.*

[f° 21 v°] *Item, quod habuit plures de progenitoribus suis, agnatos et cognatos, vehementer infamatos et suspectos de heretica pravitate.*

. . . Deponit de fama quod Oto, quondam archiepiscopus Mediolanensis, patruus indignus dicti Mathei, et ejus frater, et ipse Matheus erant credentes hereticorum.

Deponit quod jam sunt LV anni quod septem ambaxiatores missi per regem Karolum et comune Mediolan. accu(s)saverunt coram domino papa Otonem. quondam archiepiscopum Mediolanensem, quod non poterat nec debebat esse archiepiscopus quia erat filius heretice in heresi deffuncte. et fuit datus auditor vicecancellarius qui tunc erat. et producti fuerunt testes septem fide digni, quos nominat, qui juraverunt ita esse : et ipse testis fuit presens in omnibus istis quia domicellus erat unus de ambaxiatoribus predictis . . .

Deponit de infamia dicti Otonis, patrui et promotoris dicti Mathei, super heresi, et quod vidit ymaginem dicti Otonis marmoream sculptam in monumento de marmore rubeo, que ymago prius erat coloris rubei et postquam fuit impositum corpus dicti Otonis fuit denigrata ymago. cetero lapide monumenti remanente in suo colore, et audivit a multis frequenter quod dictus Matheus qui fecerat fieri ipsum monumentum videns ymaginem ipsam denigratam fecit eam iterato colore rubeo depingi. que ymago reversa est iterum ad pristinam nigredinem ; propter quod multi dixerunt et crediderunt hoc esse factum miraculose propter heresim dicti Otonis cum non venerit illa nigredo non evenerit artificiose...

[f° 22] Item, quod habuit aviam infamatam de heresi et propter hoc privatam ecclesiastica sepultura...

Item, quod mater dicti Mathei fuit de cognatione Magfrede heretice combuste...

[f° 22 v°] Item, quod Matheus rogavit pro liberatione Magfrede heretice, jam deprehense et tradende judicio seculari.

Item, quod habuit sororem patris vel avi [nomine Garafola] *nuptam comiti de Curtenova* [1], *receptatori et credenti hereticorum, cuius castrum fuit per inquisitores funditus dissipatum...*

[f° 23] Item, quod in suo dominio astrinxit sibi et conciliarios secretarios habuit et habet et promovit suspectos et notatos de heresi, scilicet comitem Otolinum de Curtenova, consobrinum suum, qui negabat purgatorium dicens quod clerici finxerant hoc pro lucro; item, Franciscum de Garbanhate qui fuit de secta dicte Magfrede et propter hoc crucesignatus; item, Scotum de Sancto Geminiano, de favore hereticorum notatum; item, Franciscum de Parma qui in officiis suis inquisitores multipliciter gravavit et nuper Papie fuit per inquisitorem omni officio publico privatus et condempnatus quia (sc) manifeste officio inquisitionis se opposuerat; item, Otonem et Goffredum de Castana, hereticorum filios vel nepotes; item, Andream, hereticum combustum, Albertonum de Novate, Otolinum de Garbanhate, Felesinum Tarentanum, Francisquinum de Malcasata (?), omnes crucesignatos...

[f° 23 v°] Item, dicit se credere et audivisse quod magister Antonius Parmensis qui est conciliarius et medicus dicti Mathei est magnus hereticus...

[f° 24] Item, quod pluries et in pluribus locis impedivit officium inquisitionis heretice pravitatis per se vel per ministros seu officiales...

---

[1] Cortenova, Lombardie, prov. de Côme.

[f° 24 v°] *Item, quod idem Matheus fecit confederationem et colligacionem cum infidelibus et cismaticis in prejudicium ecclesie.*

Deponit de fama quod fecit confederationem cum imperatore Gregor. et cum rege Tunicii Sorraceno (sic).

Deponit de auditu de confederatione imperatoris Grecorum et misit ambaxiatores...

Deponit quod audivit ipsum Matheum misisse regi Granate et regi Guarbi, qui sunt reges Sarracenorum, quod si ipsi mitterent sibi pecuniam sufficientem ipse vinceret papam et subjugaret totam ecclesiam et reges...

Martinus et Germanus, famuli inquisitorum, jurati, deponunt quod die XXV^a mensis februarii viderunt manifeste multos quarellos proici de Alexandria versus Bergolium et in Bergolium quando inquisitores erant in Bergolio, per gentem exercitus Mathei...

[f° 25] *Item, quod quando fuit Suncini [1] in concilio cum domino Cane de la Scala fecit idem Matheus fieri officium divinum super tumulo Aycelini de Romano, rebellis ecclesie et excomunicati, sicut officium unius sancti et fecit offerri multas candelas per familiares suos.*

... Deponit quod Matheus facit adorari ossa ibidem sepulta sicut esset corpus unius sancti...

Dicit quod audivit ab uno quem nominat qui presens fuit quod modo sunt tres anni et plus quod dictus Matheus in Suncino fecit aperiri monumentum Aycelini de Romano coram domino Cane de Scala et multis aliis, et inveniens qnod corpus dicti Aycelini habebat aliquam integritatem dixit dictus Matheus coram omnibus presentibus: « Hoc non potest esse nisi propter nimiam sanctitatem istius corporis Aycelini »; et genu flexit dictus Matheus coram ipso corpore et fecit cantari officia divina solempnia et fecit fieri luminaria magna et multa...

----

[1] Soncino, Lombardie, prov. de Crémone, distr. de Crema.

Deponit quod dictus Matheus... volebat facere canonizari ipsum Aycelinum tanquam sanctum...

Item, quod impedivit et impedit volentes ad curiam romanam accedere, capit euntes et detinet violenter et spoliat eos bonis per se et officiales suos...

[f° 25 v°] Item, quod litteras clausas que per nuncios domino papa mittuntur per se et officiales suos apperit...

[f° 26] Item, quod imposuit collectas, tallias honerosas ecclesiis et monasteriis et aliis piis locis et eas exigit et exigi facit violenter per expoliationem rerum, captionem et detentionem personarum et per diversos cruciatus corporum...

[f° 26 v°] Item, quod interdicit prelatis et religiosis ne synodos concilia vel capitula audeant congregare...

Item, quod prohibet ne prelati in suos subditos exerceant officium visitationis et correctionis...

[f° 27] Item quod violenter per potenciam intrudit indignos ad prelationem et personas indignas in monasteriis tam virorum quam mulierum...

Item, quod prelatos ecclesiarum et monasteriorum cogit exulare et occupat castra et predia ecclesie.

[f° 27 v°] ... Deponit quod Matheus occupat castrum de Angeria [1] quod est domini archiepiscopi Mediolanensis...

Item, quod per violenciam intrudit in monasteriis puellas postquam aliquibus earum fuit impudenter abusus.

Deponit de scientia intrusionis puellarum per potenciam in monasterio et nominat monasterium et dicit unam illarum se vidisse, et dicit esse famam quod per ipsum fuerant violate.

Deponit quod vidit occulis suis quod Matheus predictus ivit personaliter ad domum de Monteforti, ordinis Humiliatorum de Mediolano, et intravit monasterium monialium solus cum prelato et traxit ad partem unam juvenculam monialem qua fuerat abusus dictus

---

[1] Angera, Lombardie, prov. de Côme.

Matheus; et postea posuerat eam in ipso monasterio, et dicit dictus testis quod idem Matheus stetit cum dicta moniali solus cum sola quantum voluit et sicut voluit...

Item, quod episcopum Versellensem [1] *obsedit et cepit et in carcere detinuit...*

[f° 28] *Item, quod, eo jubente, Stephanus, ejus filius, detinuit abbatem Sancti Stephani Versellensis captum et cepit prepositum de Redobio et archiepiscopum ecclesie Versellensis et plures canonicos ex quibus plures in carcere mortui sunt, et adhuc viros in carcere detinet...*

Item, quod per Scotum et alios satellites fecit capi et in carceribus detineri multas personas ecclesiasticas seculares et religiosas, eciam in sacerdotio constitutas.

[f° 28 v°] *Quod avertit fideles a devotione sancte ecclesie et eos qui sunt indevoti impedit ne ad obedientiam revertantur...*

Quod discordias seminat, guerras commovet, dissensiones excitat.

Deponit notorium esse quod in articulo continetur et quod dictus Matheus procurabat et laborabat quod theutonici et gibellini et rebelles de Lombardia et Fredericus de Sicilia et sequaces eorum facerent unum papam.

Quod, propter tyrannidem suam ecclesiastica sacramenta non ministrantur, hereses pululant, scismata crescunt, a cultu divino receditur, anime fidelium exponuntur perditioni, pereclitantur corda, scandala suscitantur, et ausus panditur aliis malis innumeris perpetrandis...

[f° 29] *Quod, pro eo quod excomunicationis sententiam substinuerat per triennium et ultra, animo indurato, tanquam de heretica pravitate suspectus, citatus fuit per dominum papam ut coram eo certo termino compareret, inquisitionem super crimine heresis subiturus et super eo crimine mandatis domini nostri et bene placitis paraturus.*

[1] Verceil, Piémont, prov. de Novare.

*

Tredecim et multi alii deponunt de veritate et multi alii de voce et fama.

Quod, dicto termino sibi assignato non comparuit sed fuit per eundem dominum nostrum contumax reputatus et declaratus et propter hujus contumaciam manifestam fuit excomunicationis vinculo inodatus.

Quindecim et multi alii deponunt de veritate et multi alii de voce et fama [1].

II.

1337, 27 Avril. — Avignon.

Benoit XII mande à Arnaud de Verdale [2], doyen de Saint-Paul de Fenouillet [3] et à l'archidiacre de Lunas [4] d'enquérir contre deux clercs du diocèse de Béziers accusés de s'être servis au temps de Jean XXII de fausses lettres destinées à convaincre l'évêque de Béziers, Guillem, [5], d'une tentative d'envoûtement contre ce pape [6]:

(Arch. du Vatican, Reg. Vat. 132, n° 85, f° 27 v°).

(Indiq: Daumet, *Lettres closes de Benoit XII*, n° 286, col. 184.

Dilectis filiis magistris Arnaldo de Verdala, decano Sancti Pauli de Fenolhadesio, Electensis [7] diocesis, et Petro de Montespertuli,

[1] Dans le haut du même feuillet on lit ces lignes qui ont été barrées:

Super articulo XV « de secretariis » deponunt testes octavus et decimus, quintus decimus, decimus nonus.

Quod Franciscus de Garbagnate fuit hereticus et quod postea est promotus ad oficia publica et magna per dictum Matheum qui in hoc fecit contra officium inquisitionis et impedivit, quia hereticus conversus remanet inhabilis ad publica oficia...

[2] Arnaud de Verdale, évêque de Maguelone en 1339, nous a laissé une histoire de ses prédécesseurs.

[3] Pyrénées Orientales, arr. Perpignan.

[4] Hérault, arr. Lodève.

[5] Guillem de Fredol qui fut évêque de 1314 à 1349.

[6] Cf. les lettres analogues des 13 juin et 29 octobre, dans Daumet n°s 299 et 371, col. 188 et 231.

[7] Alet, Aude, arr. Limoux.

archidiacono de Lunatio, Biterrensis ecclesiarum. Pervenit nuper ad nostri apostolatus auditum quod Franciscus Juliani et Michael de Parietibus, clerici Biterrensis diocesis, et alii nonnulli clerici et laici olim tempore felicis recordationis Johannis pape XXII, predecessoris nostri, ad patrationem flagitiosi sceleris per quam (*sic*) innocentem moliebantur suis nefandis studiis perdere, nequiter intendentes per litteras seu scripturas falsas et proditorias quas ipsi composuerunt seu fecerunt componi, tam prefato predecessori quam quibusdam sibi assistentibus falso et mendaciter intimarunt venerabilem fratrem nostrum Guillelmum, episcopum Biterrensem, quasdam ymagines cereas baptizatas contra dictum predecessorem et ejus vitam fabricari fecisse ac commisisse maleficia circa illas. Cum autem prefati Franciscus et Michael quidamque alii clerici et laici qui hujusmodi factionis ministri dicuntur existere, detineantur ad presens in civitate Biterrensi, carceribus, sicut accepimus, mancipati, nos, volentes ne tam execranda facinora remaneant, si veritas suffragetur relatibus, incorrecta, et, ut etiam indempnitati fame provideatur ejusdem episcopi veritatem inquiri super hiis et justiciam exiberi, discretioni vestre per apostolica scripta comittimus et mandamus quatinus vos vel alter vestrum super predictis et ea quomodolibet tangentibus, tam cum eisdem captis quam cum aliis de quibus vobis expedire videbitur, simpliciter et de plano, sine strepitu et figura judicii, veritatem diligentius inquiratis, facientes quos culpabiles vel suspectos de premissis repereritis, custodiri diligenter et tute, donec nos aliter circa hoc duxerimus ordinandum, contradictores quoslibet et rebelles per censuram ecclesiasticam, appellatione postposita, compescendo. Inquestam vero et quicquid in hac parte feceritis et inveneritis nobis fideliter et celeriter transmittatis.

Datum Avenione, V kalendas Maii, anno III.